图解版

财务公式运用大全

不可不知的180个公式

周广恢　张　颖◎编著

（第2版）

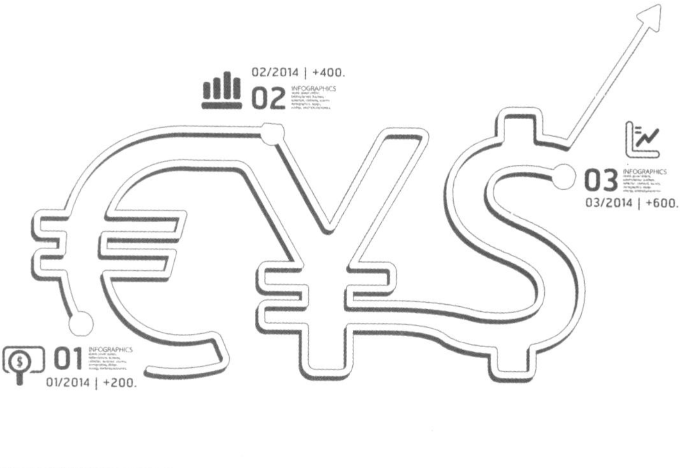

中国铁道出版社有限公司
CHINA RAILWAY PUBLISHING HOUSE CO., LTD.

图书在版编目(CIP)数据

财务公式运用大全：不可不知的 180 个公式：图解版/周广恢，张颖编著. —2 版. —北京：中国铁道出版社，2018. 12(2024. 5 重印)

ISBN 978-7-113-24759-1

Ⅰ. ①财… Ⅱ. ①周… ②张… Ⅲ. ①财务会计-公式-图解 Ⅳ. ①F234. 4-64

中国版本图书馆 CIP 数据核字(2018)第 172680 号

书　　名：财务公式运用大全：不可不知的 180 个公式(图解版)

作　　者：周广恢　张颖

责任编辑：王淑艳　**编辑部电话：**(010)51873022　**邮箱：**wangsy20008@126. com

封面设计：王　岩

责任校对：王　杰

责任印制：赵星辰

出版发行：中国铁道出版社有限公司(100054，北京市西城区右安门西街 8 号)

网　　址：http://www. tdpress. com

印　　刷：北京铭成印刷有限公司

版　　次：2016 年 2 月第 1 版　2018 年 12 月第 2 版　2024 年 5 月第 3 次印刷

开　　本：710 mm×1 000 mm　1/16　印张：16. 75　字数：227 千

书　　号：ISBN 978-7-113-24759-1

定　　价：49. 80 元

再版前言

Preface

《财务公式运用大全：不可不知的180个公式》（图解版）自2016年2月出版之后，多次重印，因图文结合、案例相辅、内容通俗易懂、操作方法详细具体，深获读者喜爱。由于《企业会计准则》不断修订，以及财政部、税务总局出台一系列税收优惠政策，致使税率发生很大的变化，因此本书决定再版。

这次修订再版，我们在原书基础上，弱化了一些理论和概念性的内容，突出实用性，并对一些比较陈旧的案例和内容做出了修改，增加一些新的税种以及更直观的效果图，尽量让全书富有新意，更具有可读性。

本书书名虽然是180个公式，但书中涉及的其他拓展公式71个，全书总计251个，涉及会计原理、现金管理、应收账款管理、筹资与投资、生产成本、收入与分配管理、财务报表分析、应纳税额等。

千万别被这么多的公式吓着，其实远没有《财务管理》讲得那么复杂，只要弄清公式的适用范围、计算方法就能足以应对工作中的难题。

当然，本书严格依据财政部颁布的最新《企业会计准则》《企业会计制度》编写。在内容上突出清新简洁；在案例上突出实用易懂；在图表上突出重点与难点；在报表填写上突出正确与完整。别说，本书还是蛮有特色的，在此一一列出：

★图文并茂。写得好看的会计书，自然离不开图表。本书一步一表，一步一图，将难读的会计书设计成清新活泼、耐看耐读的知识读本。

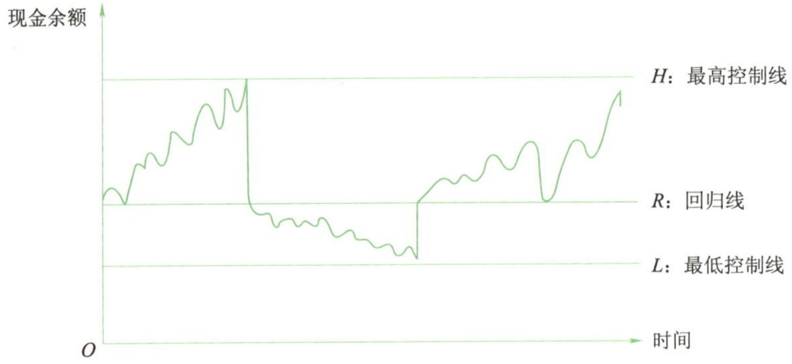

米勒-奥尔模型

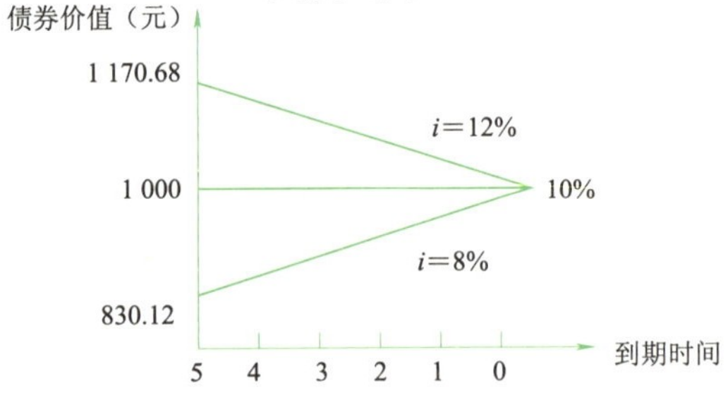

债券估价与到期时间关系图

★实战演练。差不多每一个财务公式都有详细的讲解，并附有完整案例，旨在告诉读者如何运用这些公式，完成工作上的需要。

★公式列表。本书公式众多，典型的公式有 180 个，以便笺形式展现，便于记忆。

银行借款的资本成本率按一般模式计算为：

$$K_b=\frac{\text{年利率}\times(1-\text{所得税税率})}{1-\text{手续费率}}\times100\%$$

$$=\frac{i\times(1-T)}{1-f}\times100\%$$

式中：K_b——银行借款资本成本率；

i——银行借款年利率；

f——筹资费用率；

T——所得税率。

★拓展公式

拓展公式是基本公式的延伸，将相关数据通过运算关系导出另外一种结果。

计算公式为：

边际贡献总额＝销售收入－变动成本

＝销售量×单位边际贡献

＝销售收入×边际贡献率

单位边际贡献＝单价－单位变动成本

＝单价×边际贡献率

$$边际贡献率=\frac{边际贡献总额}{销售收入}=\frac{单位边际贡献}{单价}$$

另外，还可以根据变动成本率计算边际贡献率：

$$变动成本率=\frac{变动成本总额}{销售收入}=\frac{单位变动成本}{单价}$$

利润＝边际贡献－固定成本

＝销售量×单位边际贡献－固定成本

＝销售收入×边际贡献－固定成本

保本销售额＝固定成本÷边际贡献率

另外，本书附录中增加复利终值系数表、复利现值系数表、年金终值系数表、年金现值系数表，方便查阅与使用。本书既适合从事财务工作的人员使用，又适合银行、证券行业人员使用。

目录

Contents

CHAPTER 06 生产成本项目公式

CHAPTER 07 收入及分配管理公式

CHAPTER 08 财务报表分析项目公式

CHAPTER 09 纳税业务计算公式

CHAPTER 01

会计基础原理公式

1. 企业基本会计等式

会计核算的对象是会计要素，会计要素包括资产、负债、所有者权益（股东权益）、收入、利润和费用。各会计要素之间的关系如图 1-1 所示。

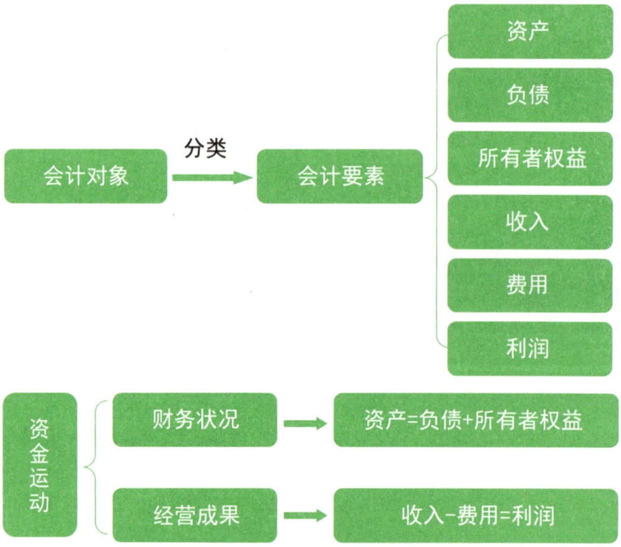

图 1-1　会计要素之间的等式关系

会计要素之间存在等式关系，即会计等式，也称会计平衡公式，或会计方程式。它是对各会计要素的内在经济关系利用数学公式所作的概括表达，即反映各会计要素数量关系的等式。它提示各会计要素之间的联系，是复式记账、试算平衡和编制会计报表的理论依据。

企业反映资产负债表要素之间的数量关系的等式，如图 1-2 所示。

资产＝负债＋所有者权益

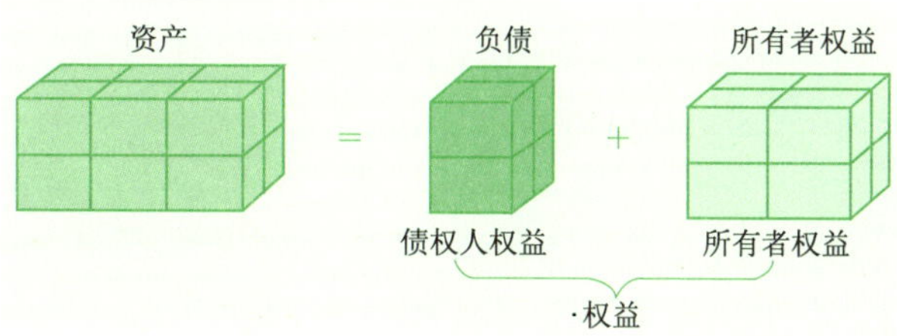

图 1-2　资产负债表要素间的数量关系等式

这是会计恒等式，也是静态等式。资产负债表就是根据这个基本会计等式编制的。

企业反映利润表要素之间的数量关系的等式，如图 1-3 所示。

收入－费用＝利润

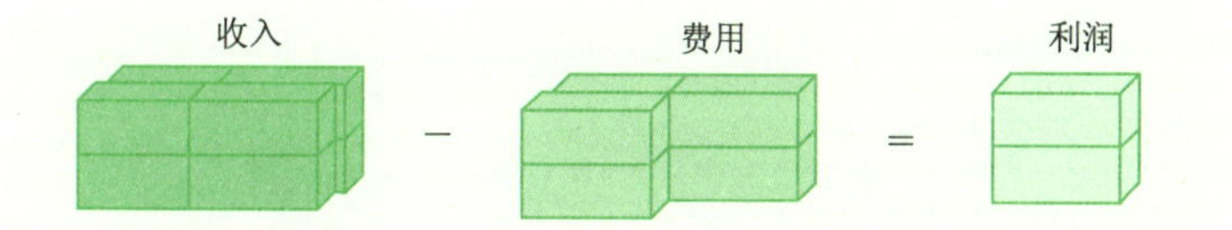

图 1-3　利润表之间的数量关系等式

这是动态等式，直观地反映企业当期发生的收入、费用。如果收入大于费用，即为盈利；反之则为亏损。利润表就是根据这个会计等式编制的。

2. 扩展(综合)会计等式

资产＋费用＝负债＋所有者权益＋收入

(1)等式两边要素同时增加、增加金额相等，等式保持平衡

【例 1-1】　向阳公司收到投资者投入 230 000 元，已存入银行。

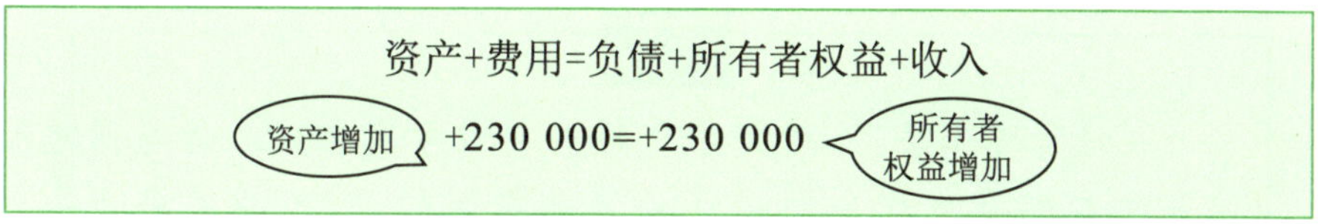

(2)等式两边要素同时减少、减少金额相等，等式保持平衡

【例 1-2】　向阳公司用银行存款偿还乙公司欠款 15 000 元。

资产+费用=负债+所有者权益+收入

资产减少　-15 000=-15 000　负债减少

(3)会计等式左边要素有增有减、增减金额相等,等式保持平衡

【例 1-3】 向阳公司生产车间领用材料 12 000 元。

资产+费用=负债+所有者权益+收入

资产减少　-12 000　+12 000　费用增加

(4)等式右边要素有增有减、增减金额相等,等式保持平衡

【例 1-4】 经过协商,甲供应商将其借给向阳公司的借款 56 000 元转作投资。

资产+费用=负债+所有者权益+收入

负债减少　-56 000　+56 000　所有者权益增加

3. 试算平衡公式

试算平衡是指利用“资产＝负债＋所有者权益”的平衡原理,按照记账规则的要求,通过汇总、计算和比较,来检查会计账户处理和账簿记录的正确性、完整性的一种方法,或者说通过账户余额或发生额合计数之间的平衡关系,检验记账工作正确与否的一种方法。试算平衡有两种计算方法:一是账户发生额试算平衡法;二是账户余额试算平衡法。

(1)账户发生额试算平衡法

在借贷记账法下,所有账户的本期借方发生额合计与所有账户本期贷方发生额合计必然是相等的,可用公式表示如下:

全部账户本期借方发生额合计＝全部账户本期贷方发生额合计

【**例 1-5**】 2019 年 1 月 1 日，向阳公司有关账户余额，见表 1-1。

表 1-1

单位：元

资　产	借方余额	负债和所有者权益	贷方金额
库存现金	980	短期借款	100 000
银行存款	980 000	应付账款	855 000
原材料	440 000	实收资本	415 980
		资本公积	50 000
合　计	1 420 980	合计	1 420 980

1 月发生以下经济业务：

(1)从银行提取现金 8 000 元备用；

(2)购入甲材料 40 000 元，贷款尚未支付；

(3)收到加多芬公司投入货币资金 150 000 元，存入银行；

(4)用银行存款归还前欠应付账款 85 000 元；

(5)向建设银行借入短期借款 35 000 元，用来偿还应付账款；

(6)经协商，将所欠乙公司的账款 79 000 元，转作本企业的资本；

(7)用银行存款 5 800 元支付广告费；

(8)维修公司办公楼发生修理费 60 000 元，款项尚未支付；

(9)资本公积 20 000 元，转增资本；

(10)用银行存款 350 000 元，归还银行短期借款 100 000 元，偿还前欠货款 250 000 元。

根据上述 10 笔业务计算各账户本期发生额和期末余额，如图 1-4 所示。对本期发生额和余额进行试算平衡，见表 1-2。

库存现金

借方	贷方
期初余额 980	
①8 000	
本期发生额合计 8 000	
期末余额 8 980	

借方	贷方
银行存款	
期初余额 980 000	
③150 000	①8 000 ④8 5000 ⑦5 800 ⑩100 000 ⑩250 000
本期发生额合计 150 000	本期发生额合计 448 800
期末余额 681 200	

借方	贷方
原材料	
期初余额 440 000	
①40 000	
本期发生额合计 40 000	
期末余额 480 000	

借方	贷方
应付账款	
	期初余额 855 000
④85 000 ⑤35 000 ⑥79 000 ⑩250 000	②40 000
本期发生额合计 449 000	本期发生额合计 40 000
	期末余额 446 000

借方	实收资本 贷方
	期初余额 415 980
	③150 000 ⑥79 000 ⑨20 000
	本期发生额合计 249 000
	期末余额 664 980

借方	短期借款 贷方
	期初余额 100 000
⑩100 000	⑤35 000
本期发生额合计 100 000	本期发生额合计 35 000
	期末余额 35 000

借方	管理费用 贷方
期初余额 0	
⑦5 800 ⑧60 000	
本期发生额合计 65 800	
期末余额 65 800	

借方	资本公积 贷方
	期初余额 50 000
⑨20 000	
本期发生额合计 20 000	
	期末余额 30 000

借方	其他应付款 贷方
期初余额 0	
	⑧60 000
	期末余额 60 000

图 1-4　T 形账户分析流程

表 1-2 余额试算平衡表 单位:元

会计科目	期初余额		本期发生额		期末余额	
	借方	贷方	借方	贷方	借方	贷方
库存现金	980		8 000		8 980	
银行存款	980 000		150 000	448 800	681 200	
原材料	440 000		40 000		480 000	
短期借款		100 000	100 000	35 000		35 000
应付账款		855 000	449 000	40 000		446 000
实收资本		415 980		249 000		664 980
资本公积		50 000	20 000			30 000
管理费用			65 800		65 800	
其他应付款		0		60 000		60 000
合计	1 420 980	1 420 980	832 800	832 800	1 235 980	1 235 980

(2)账户余额试算平衡法

账户余额试算平衡法是根据本期所有账户借方余额合计与贷方余额合计的恒等关系,检验本期账户记录是否正确的方法。根据余额时间不同,又分为期初余额平衡与期末余额平衡两类。

期初余额平衡是期初所有账户借方余额合计与贷方余额合计相等,期末余额平衡是期末所有账户借方余额合计与贷方余额合计相等。公式为:

全部账户的借方期初余额合计=全部账户的贷方期初余额合计

全部账户的借方期末余额合计=全部账户的贷方期末余额合计

实际工作中,余额试算平衡通过编制试算平衡表方式进行。

如果试算平衡表借方余额合计数和贷方余额合计数不相等,说明肯定存在错误,应当予以查明纠正。

【例 1-6】 向阳公司 2019 年 4 月 30 日总账账户余额,见表 1-3、1-4。

表 1-3

借	资产 贷
库存现金	600
银行存款	30 000
应收账款	4 000
其他应收款	400
原材料	50 000
生产成本	5 000
库存商品	8 000
固定资产	1 500 000
合计	1 598 000

表 1-4

借	负债及所有者权益 贷
短期借款	35 000
应付账款	5 000
实收资本	1 558 000
合计	1 598 000

4. 借贷记账法

借贷记账法是以“借”和“贷”为记账符号，在两个或两个以上账户的相反方向以相等金额进行记录的复式记账法。

借贷记账法依据会计恒等式“资产＝负债＋所有者权益”进行处理。账户中登记本期增加的金额，称为本期增加发生额；登记本期减少的金额，称为本期减少发生额；增减相抵后的差额称为余额。余额按照时间不同，分为期初余额和期末余额。其基本关系如下：

期末余额＝期初余额＋本期增加发生额－本期减少发生额

本期借方发生额＝在本会计期间某会计账户借方发生额的合计数

本期贷方发生额＝在本会计期间某会计账户贷方发生额的合计数

本期期初余额＝上期期末余额

（1）资产类账户公式

期末余额＝期初余额＋借方本期发生额合计－贷方本期发生额合计

资产类账户结构，见表 1-5。

表 1-5

借方　　　　资产类账户　　　　贷方

期初余额	
本期资产增加额 ……	本期资产减少额 ……
本期借方发生额合计	本期贷方发生额合计
期末余额	

（2）负债类账户公式

期末余额＝期初余额－借方本期发生额合计＋贷方本期发生额合计

负债类账户结构，见表 1-6。

表 1-6

借方　　　　负债类账户　　　　贷方

	期初余额
本期负债减少额 ……	本期负债增加额 ……
本期借方发生额合计	本期贷方发生额合计
	期末余额

（3）所有者权益类账户公式

期末余额＝期初余额－借方本期发生额合计＋贷方本期发生额合计

所有者权益类账户结构，见表 1-7。

表 1-7

借方	所有者权益类账户　　　　　　贷方
	期初余额
本期所有者权益减少额 ……	本期所有者权益增加额 ……
本期借方发生额合计	本期贷方发生额合计
	期末余额

(4)收入类账户公式

本期收入净额＝本期贷方发生额－本期借方发生额

本期收入净额在期末转入“本年利润”账户，用以计算当期损益，结转后无余额。

收入类账户结构，见表 1-8。

表 1-8

借方	收入类账户　　　　　　贷方
本期收入减少或结转额 ……	本期收入增加额 ……
本期借方发生额合计	本期贷方发生额合计

(5)费用类账户公式

本期费用净额＝本期借方发生额－本期贷方发生额

费用类账户结构，见表 1-9。

表 1-9

借方	费用类账户　　　　贷方
本期费用增加额 ……	本期费用减少额或结转额 ……
本期借方发生额合计	本期贷方发生额合计

(6)成本类账户公式

期末余额＝期初余额＋本期借方发生额－本期贷方发生额

成本类账户结构,见表 1-10。

表 1-10

借方	成本类账户　　　　贷方
期初余额	
本期成本增加额 ……	本期成本转销额 ……
本期借方发生额合计	本期贷方发生额合计
期末余额(可能有,也可能没有)	

5. 企业未达账项调节方法

为了加强银行存款的管理，企业要经常和银行核对账目，至少每月核对一次，银行定期送来“对账单”和企业的“银行存款日记账”要逐笔核对，如果发现两者不一致，除了错记、漏记、重记，还有可能是由于未达账项造成的。

未达账项是指企业和银行，有一方取得凭证已经入账，另一方尚未收到凭证没入账的款项。如图1-5所示。

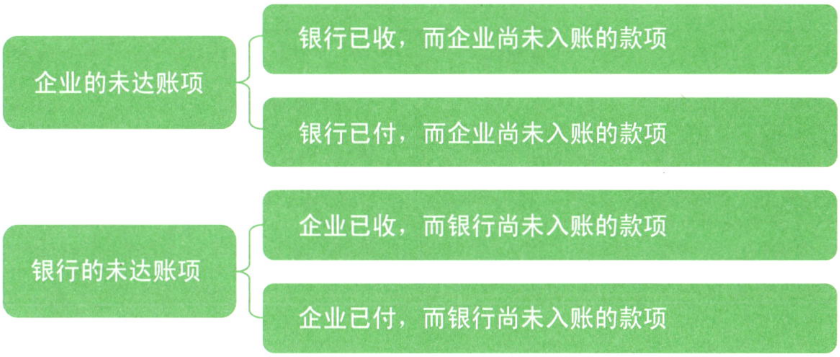

图1-5 未达账项的情形

企业对于以上发生的未达账项，通过编制“银行存款余额调节表”进行调节。

银行余额调节计算公式：

企业银行存款日记账余额＋银行已收，企业未收款－银行已付，企业未付款＝银行对账单余额＋企业已收、银行未收款－企业已付、银行未付款

【例1-7】 向阳公司2019年1月31日银行存款余额为472 000元，当日银行对账单的余额为604 000元，经逐笔核对，发现有以下未达账项：

①1月24日，公司委托银行收款154 000元，银行已于28日收到，未

通知公司；

②1 月 25 日，银行代划本月水电费 11 000 元，公司未接到通知；

③1 月 29 日，公司送存银行转账支票一张，金额为 65 000 元，银行尚未入账；

④1 月 30 日，公司开出转账支票 54 000 元购买办公用品，银行尚未入账。

编制银行存款余额调节表，见表 1-11。

表 1-11　　银行存款余额调节表

2019 年 1 月 31 日

项　　目	金额(元)	项　　目	金 额(元)
银行存款日记账余额	472 000	银行对账单余额	604 000
加:银行已收、公司未收款	154 000	加:公司已收、银行未收款	65 000
减:银行已付、公司未付款	11 000	减:公司已付、银行未付款	54 000
调节后余额	615 000	调节后余额	615 000

CHAPTER 02

现金管理公式

6. 最佳现金持有量成本分析模式

成本模型是根据现金有关成本，分析预测及其总成本最低时现金持有量的一种方法。公式如下：

最佳现金持有量＝min(管理成本＋机会成本＋短缺成本)

成本模型构成要素及其含义，见表2-1。

表2-1 成本模型构成要素

相关成本	含 义	与现金持有量的关系
机会成本	因持有一定现金余额而丧失的再投资收益	正相关
管理成本	因持有一定数量的现金而发生的管理费用	一般认为是固定成本
短缺成本	现金持有量不足而又无法及时通过有价证券变现加以补充而给企业造成的损失	负相关
决策原则：上述三项成本之和最小的现金持有量即为最佳现金持有量。 最佳现金持有量＝min(管理成本＋机会成本＋短缺成本)		

成本分析模式是要找到机会成本、管理成本和短缺成本所组成的总成本曲线中最低点所对应的现金持有量，把它作为最佳现金持有量，如图2-1所示。

由成本分析模型可知，如果减少现金持有量，则增加短缺成本；如果增加现金持有量，则增加机会成本。改进上述关系的一种方法是：当拥有多余现金时，将现金转换为有价证券；当现金不足时，将有价证券转换成现金。但现金和有价证券之间的转换，也需要成本，称为转换成本。转换成本是指企业用现金购入有价证券以及用有价证券换取现金时付出的交易费用，即现金同有价证券之间相互转换的成本，如买卖佣金、手续费、证券过户费、印花税、实物交割费等。转换成本可以分为两类：一是与委托金额相关的费用；二是与委托金额无关，只与转换次数有关的费用，如委托手续费、过户费等。证券转换成本与现金持有量，即有价证券变现额的多少，必然对有价证券的变现次数产生影响，即现金持有量越少，进行证券变现的次数越多，相应的转换成本就越大。

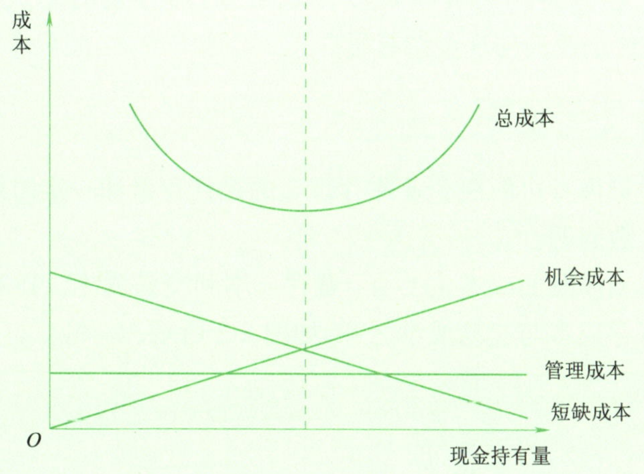

图 2-1　成本模式分析

【例 2-1】 向阳公司有四种现金持有方案，它们各自的持有量、管理成本、短缺成本，见表 2-2。假设现金的机会成本率为 12%。

表 2-2　**现金持有方案**　单位：元

方案项目	甲	乙	丙	丁
现金持有量	25 000	50 000	75 000	100 000
机会成本	3 000	6 000	9 000	12 000
管理成本	20 000	20 000	20 000	20 000
短缺成本	12 000	6 750	2 500	0

这四种方案的总成本计算结果，见表 2-3。

表 2-3 **现金持有总成本** 单位：元

方案项目	甲	乙	丙	丁
机会成本	3 000	6 000	9 000	12 000
管理成本	20 000	20 000	20 000	20 000
短缺成本	12 000	6 750	2 500	0
总成本	35 000	32 750	31 500	32 000

将以上各方案的总成本加以比较可知，丙方案的总成本最低，故75 000元是该企业最佳现金持有量。

7. 最佳现金持有量存货模式(鲍曼模式)

存货决策模型可解决企业库存现金的最佳存量和一定时期内有价证券的变现次数问题。

存货模型涉及的成本主要有：置存成本和交易成本。持有现金的总成本就是置存成本与交易成本之和，如图 2-2 所示。

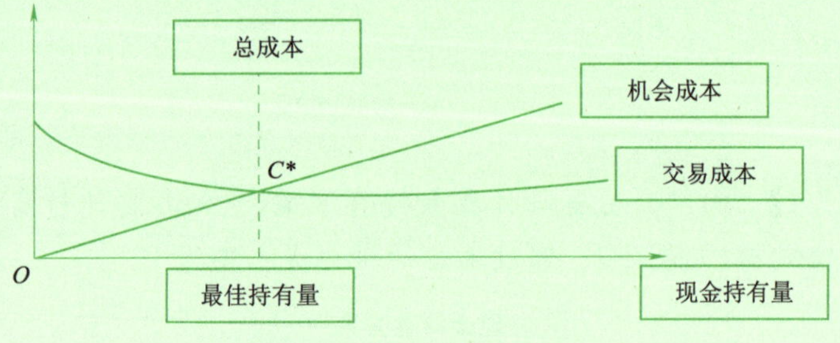

图 2-2　现金成本的构成

在图 2-2 中，现金的机会成本和交易成本是两条随现金持有量呈不同方向发展的曲线，两条曲线交叉点对应的现金持有量，即相关总成本最低的现金持有量。

现金余额的总成本为：

总成本＝现金置存成本＋现金交易成本

＝现金年均余额×有价证券利率＋变现次数×有价证券每次交易成本

$$=\frac{C}{2}\times K+\frac{T}{C}\times F$$

式中：T——企业所需的现金总量；

C——现金最高置存量；

K——有价证券利率；

F——有价证券每次转换成本。

对上式右边 C 求导数，并令其为 0，得出最佳现金持有量公式为：

最佳现金持有量 $C^{*}=\sqrt{(2T\times F)/K}$

最小相关总成本＝机会成本＋交易成本$=\frac{C}{2}\times K+\frac{T}{C}\times F$

【例 2-2】 向阳公司预计一个月内所需现金为 1 200 000 元，准备用短期证券变现取得，证券一次转现成本为 100 元，证券市场的年利率为 6%。则有：

最佳现金持有量 $C=\sqrt{\frac{2\times 1\ 200\ 000\times 100}{6\%}}=63\ 245.55$(元)

8. 最佳现金持有量随机模式

在实际工作中，企业现金流量往往具有很大的不确定性。米勒(M. Miller)和奥尔(D. Orr)设计了一个在现金流入、流出不稳定情况下确定现金最优持有量的模型。他们假定每日现金净流量的分布接近正态分布，每日现金流量可能低于也可能高于期望值，其变化是随机的。由于现金流量波动是随机的，只能对现金持有量确定一个控制区域，定出上限和下限。当企业现金余额在上限和下限之间波动时，则将部分现金转换为有价证券；当现金余额下降到下限时，则卖出部分证券，如图 2-3 所示。

图 2-3 显示了随机模型，该模型有两条控制线和一条回归线。最低控制线 L 取决于模型之外的因素，其数额是由现金管理部经理在综合考虑短缺现金的风险程度、公司借款能力、公司日常周转所需资金、银行要求的补偿性余额等因素的基础上确定的。

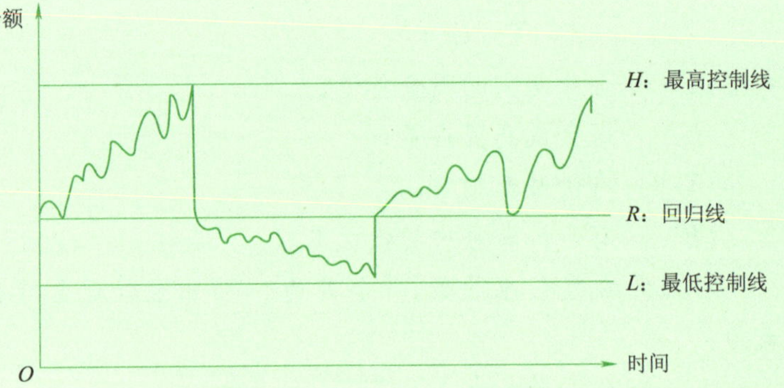

图 2-3　米勒-奥尔模型

◆回归线 R 可按下列公式计算：

$$R=\left(\frac{3b\times\delta^2}{4i}\right)^{\frac{1}{3}}+L$$

式中：b——证券转换为现金或现金转换为证券的成本；

δ——公司每日现金流变动的标准差；

i——以日为基础计算的现金机会成本。

◆最高控制线 H 的计算公式为：

$$H=3R-2L$$

运用随机模型求出货币资金最佳持有量符合随机思想，即企业现金支出是随机的，收入是无法预知的，所以适用于所有企业现金最佳持有量的测算。另一方面，随机模型建立在企业的现金未来需求总量和收支不可预测的前提下，因此，计算出来的现金持有量比较保守。

【例 2-3】 向阳公司现金部经理决定 L 值应为 8 000 元，估计公司现金流量标准差 δ 为 1 000 元，持有现金的年机会成本为 15%，换算为 i 值是 0.000 39，证券转换成本 b=120 元。

$$R=\left(\frac{3\times120\times1\ 000^2}{4\times0.000\ 39}\right)^{\frac{1}{3}}+8\ 000$$

$$=\left(\frac{360\ 000\ 000}{0.001\ 56}\right)^{\frac{1}{3}}+8\ 000=6\ 133.75+8\ 000=14\ 133.75(\text{元})$$

$$H=3R-2L$$

$$=3\times14\ 133.75-2\times8\ 000=26\ 401.25(\text{元})$$

该公司目标现金余额为 14 133.75 元，若现金持有额达到 26 401.25 元，则买进 12 267.5 元的证券；若现金持有额降至 8 000 元，则卖出 6 133.75元证券。

9. 最佳现金周转模式

现金周转模型是从现金周转的角度出发，根据现金周转速度来确定最佳现金持有量的模式。计算时包括以下三个步骤。

◆计算现金周转期。现金周转期是指公司从购买材料支付现金至销售商品收回现金的时间。其计算公式为：

现金周转期＝存货周转期＋应收账款周转期－应付账款周转期

◆计算现金周转率。现金周转率是指一年或一个经营周期内现金的周转次数，其计算公式为：

现金周转率＝经营周期÷现金周转期

现金周转率与周转期互为倒数。

◆计算最佳现金持有量。其计算公式为：

最佳现金持有量＝年现金需求量÷现金周转率

【例 2-4】 向阳公司预计存货周转期为 200 天，应收账款周转期为 80 天，应付账款周转期为 100 天，预计全年需要现金 8 400 000 元，求最佳现金余额。

现金周转期＝200＋80－100＝180(天)

现金周转率＝360/180＝2(次)

最佳现金持有量＝8 400 000/2＝4 200 000(元)

10. 资金需要量预测因素分析法

因素分析法又称分析调整法，是以有关项目基期年度的平均资金需要量为基础，根据预测年度的生产经营任务和资金周转加速的要求，进行分析调整，来预测资金需要量的一种方法。

资金需要量＝(基期资金平均占用额－不合理资金占用额)×(1±预测期销售增减率)×(1±预测期资金周转速度变动率)

【提示】

关于(1±预测期销售增减率)：如果销售预测增长就用“＋”，减少则用“－”；

关于(1±预测期资金周转速度变动率)：如果资金周转加速就用“－”，减速则用“＋”。

因素分析法计算简便，容易掌握，但预测结果不太精确，它通常用于品种繁多、规格复杂、资金用量较小的项目。

【例 2-5】 向阳公司上年度资金平均占用额为 3 400 000 元，经分析，其中不合理部分为 400 000 元，预计本年度销售增长 6%，资金周转加速 4%。则：

预测本年度资金需要量＝(3 400 000－400 000)×(1＋6%)×(1－4%)

＝3 052 800(元)

11. 资金需要量预测销售百分比法

销售百分比法，是根据销售增长与资产增长之间的关系，预测未来资金需要量的方法。公式如下：

$$外部融资需求量=\frac{A}{S_1}\times\Delta S-\frac{B}{S_1}\times\Delta S-P\times E\times S_2$$

式中：A——随销售而变化的敏感性资产，一般包括库存现金、应收账款、存货等项目；

B——随销售而变化的敏感性负债，一般包括应付账款、应付票据、应交税费等项目；

S_1——基期销售额；

S_2——预测期销售额；

ΔS——销售变动额；

P——销售净利率；

E——利润留存率。

外部融资需求量＝敏感性资产增加额－敏感性负债增加额－预期的利润留存＝敏感性资产总额占销售收入的百分比×销售收入增长额－敏感性负债总额占销售收入的百分比×销售收入增长额－预期的利润留存

【例 2-6】 以表 2-4 为例，计算甲公司外部融资需求量。

表 2-4　　简略的资产负债表　　单位：万元

资　产	金额	负债与所有者权益	金额
库存现金	5 000	短期借款	15 000
应收账款	15 000	应付账款	5 000
存货	30 000	应付票据	10 000
固定资产净值	20 000	公司债券	10 000
		实收资本	20 000
		留存收益	10 000
资产合计	70 000	负债与权益合计	70 000

假定甲公司 2018 年销售收入为 100 000 万元，销售净利率为 10%，股利支付率为 60%，公司现有生产能力尚未饱和，增加销售无须追加固定资产投资。预测 2019 年该公司销售收入将提高到 130 000 万元，企业销售净率和利润分配政策不变。

要求：预测 2019 年对外筹资量。

(1)确定随销售额变动而变动的资产和负债项目及与销售额的比例

随销售额变动的经营性资产项目包括库存现金、应收账款、存货等项目。

敏感性资产 A=5 000+15 000+30 000=50 000(万元)

随销售变动的资产与销售额的比：$\frac{A}{S_1}$=50 000/100 000=50%

随销售额变动的经营性负债项目包括应付票据、应付账款等，不包括短期借款、短期融资券、长期负债等筹资性负债。

敏感性负债 B=10 000+5 000=15 000(万元)

随销售变动的负债与销售额的比：$\frac{B}{S_1}$=15 000/100 000=15%

(2)确定需要增加的筹资数量

先计算预计销售增长额：130 000—100 000=30 000(万元)

得出销售增长率：30 000/100 000=30%

需要增加的资金=新增变动资产+新增非流动资产—新增变动负债

=30 000×50%+0—30 000×15%=10 500(万元)

或者用变动资产增加额减变动负债增加额计算：

=50 000×30%—15 000×30%=10 500(万元)

(3)确定对外筹资额

对外筹资额=需要增加的资金—预计收益留存

=需要增加的资金—预计销售额销售净利率×(1—股利支付率)

=10 500—[130 000×10%×(1—60%)]=5 300(万元)

12. 资金习性分析法：高低点法

资金习性是指资金变动与产销量变动之间的依存关系。按资金习性可将资金分为不变资金、变动资金和半变动资金。

(1)不变资金：一定产销量范围内，不受产销量变动影响的资金。如厂房、机器、原材料的保险储备，为维持营业而占用最低数额现金等。

(2)变动资金：随产销量变动而同比例变动的资金。如直接构成产品实体的原材料，外购件占用资金，另外存货、应收账款、最低储备以外的现金等也具有变动资金性质。

(3)半变动资金：虽然随产销量变动而变动，但不成正比例变动的资金。如一些辅助材料上占用的资金。

用高低点法分别求出各资金占用项目(如现金、存货、应收账款、固定资产)和资金来源项目的 a 和 b，然后汇总在一起，计算出总的 a 和 b，求出企业变动资金总额和不变资金总额，进而预测资金需求量。汇总计算 a 和 b 时，需要注意一个问题：由于负债是资金来源，负债的增加减少资金需求，因此应该减掉负债项目的 a 和 b。另外注意，在给定的资料中，高低点的选择以销售收入(或业务量)为依据，高点(销售收入或业务量)的资金占用量不一定最大；低点(销售收入或业务量)的资金占用量不一定最小。

公式：b=(最高收入期资金占用量－最低收入期资金占用量)/(最高销售收入－最低销售收入)

a=最高收入期资金占用量－b×最高销售收入

用以上公式求解出 a、b，然后代入预测模型 $Y=a+bX$。

【例 2-7】 某企业 2014 年至 2018 年的产销数量和资金占用数量的历史资料见表 2-5，该企业 2019 年预计产销量为 95 000 件。

要求：

表 2-5　　某企业产销量与资金占用量表

年　度	产量(X)(万件)	资金占用量(Y)(万元)
2014	8.0	650
2015	7.5	640
2016	7.0	630
2017	8.5	680
2018	9.0	700

(1)采用高低点法预测 2019 年的资金需要量。

①b=(700－630)/(9.0－7.0)=35(元/件)

②由 $Y=a+bX$,代入 2016 年数据,求得:$a=Y-bX=630-35\times7.0=385$(万元)

或者:代入 2018 年数据,求得:$a=Y-bX=700-35\times9.0=385$(万元)

(2)建立预测资金需要量的数学模型。

$Y=385+35X$

2019 年产量为 95 000 件时的资金需要量=385+35×9.5=717.5(万元)

13. 因果预测分析法

因果预测分析法是指通过影响产品销售量(因变量)的相关因素(自变量)以及它们之间的函数关系,并利用这种函数关系进行产品销售预测方法。因果预测分析法最常用的是回归分析法。

回归直线法,也称一元回归分析法,根据直线方程式 $y=a+bx$,按照最小乘法原理,来确定一条误差最小的、能正确反映自变量 x 和因变量 y 之间关系的直线,其常数项 a 和系数 b 的计算公式为:

$$b=\frac{n\sum xy-\sum x\sum y}{n\sum x^2-(\sum x)^2}$$

$$a=\frac{\sum y-b\sum x}{n}$$

待求出 a、b 的值后,代入 $y=a+bx$,结合自变量 x 的取值,即可求得预测对象 x 的预测销售量或销售额。

【例 2-8】 假定产品销售量只受广告费支出大小的影响,甲公司 2019 年度预计广告费支出为 655 万元,以往年度广告费支出资料,见表 2-6。

表 2-6　　　　　　2014～2018 年广告支出

年　度	2014	2015	2016	2017	2018
销售量(吨)	2 070	2 100	2 040	2 260	2 110
广告费(万元)	340	410	360	540	420

用回归直线法预测甲公司 2019 年的产品销售量。

根据上述资料,列表计算,见表 2-7。

表 2-7　　　　　　回归直线法计算表

年度	广告费用 x(万元)	销售量 y(吨)	xy	x^2
2014	340	2 070	703 800	115 600
2015	410	2 100	861 000	168 100
2016	360	2 040	734 400	129 600
2017	540	2 260	1 220 400	291 600
2018	420	2 110	886 200	176 400
合计($n=5$)	$\sum x = 2\ 070$	$\sum y = 10\ 580$	$\sum xy = 4\ 405\ 800$	$\sum x^2 = 881\ 300$

根据公式,得:

$$b=\frac{n\sum xy-\sum x\sum y}{n\sum x^2-(\sum x)^2}=\frac{5\times 4\ 405\ 800-2\ 070\times 10\ 580}{5\times 881\ 300-(2\ 070)^2}=1.06$$

$$a=\frac{\sum y-b\sum x}{n}=\frac{10\ 580-1.06\times 2\ 070}{5}=1\ 677.16$$

将 a、b 带入公式,得出结果,即 2019 年的产品预测销售量为:

$y=a+bx=1\ 677.16+1.06x=1\ 677.16+1.06\times 655=2\ 371.46$(吨)

14. 现金预算公式

现金预算是以业务预算和专门决策预算为依据编制的,专门反映预算期内预计现金收入与现金支出,以及为满足理想现金余额而进行筹资或归还借款的预算。

现金预算由可供使用现金、现金支出、现金余缺、现金筹措与运用四部分构成。计算公式为:

可供使用现金＝期初现金余额＋现金收入

现金余缺＝可供使用现金－现金支出

期末现金余额＝现金余缺＋现金筹措－现金运用

其中："期初现金余额"是在编制预算时预计的，下一季度的期初现金余额＝上一季度的期末现金余额，全年的期初余额指的是年初的现金余额，所以等于第一季度的期初现金余额。

"现金收入"的主要来源是销货取得的现金收入，销货取得的现金收入数据来自销售预算。

"现金支出"部分包括预期的各项现金支出。

【例 2-9】 春兰公司 2019 年第 1～3 月实际销售额分别为 38 000 万元、36 000万元和 41 000 万元，预计 4 月份销售额为 40 000 万元。每月销售收入有 70％能于当月收现，20％于次月收现，10％于第三个月收讫，不存在坏账。假设春兰公司销售的产品在流通环节只需缴纳消费税，税率为 10％，并于当月以现金缴纳。春兰公司 3 月末现金余额为 80 万元，应付账款余额为 5 000 万元（需在 4 月份付清），不存在其他应收应付款项。4 月有关项目预计资料如下：采购材料 8 000 万元（当月付款 70％）；工资及其他支出 8 400 万元（用现金支付）；制造费用 8 000 万元（其中折旧费用等非付现费用为 4 000 万元）；营业费用和管理费用 1 000 万元（用现金支付）；预交所得税 1 900 万元；购买设备 12 000 万元（用现金支付）。现金不足时，通过向银行借款解决。4 月末现金余额不低于 100 万元。

（1）经营性现金流入＝36 000×10％＋41 000×20％＋40 000×70％＝39 800（万元）

（2）经营性现金流出＝（8 000×70％＋5 000）＋8400＋（8 000－4 000）＋1 000＋40 000×10％＋1 900＝29 900（万元）

（3）现金余缺＝80＋39 800－29 900－12 000＝－2 020（万元）

（4）应向银行借款的最低金额＝2 020＋100＝2 120（万元）

（5）4 月末应收账款余额＝41 000×10％＋40 000×30％＝16 100（万元）

CHAPTER 03

应收账款管理公式

15. 应收账款应计利息公式

应收账款应计利息＝应收账款占用资金×资本成本

＝应收账款平均余额×变动成本率×资本成本

＝日销售额×信用期间或平均收现期×变动成本率×资本成本

＝全年销售额/360×信用期间或平均收现期×变动成本率×资本成本

＝(全年销售额×变动成本率)/360×信用期间或平均收现期×资本成本

＝全年销售变动成本/360×信用期间或平均收现期×资本成本

【例 3-1】 甲公司目前采用 30 天按发票金额付款的信用政策，拟将信用期间放宽至 60 天，仍按发票金额付款。假设等风险投资的最低报酬率为 15%，其他有关数据见表 3-1。

表 3-1　　信用决策数据列表

项　目	信用期间(30 天)	信用期间(60 天)
“全年”销售量(件)	100 000	120 000
“全年”销售额(单价 5 元)	500 000	600 000

续上表

项　　目	信用期间(30 天)	信用期间(60 天)
“全年”销售成本(元)	450 000	530 000
变动成本(每件 4 元)	400 000	480 000
固定成本(元)	50 000	50 000
毛利(元)	50 000	70 000
可能发生的收账费用(元)	3 000	4 000
可能发生的坏账损失(元)	5 000	9 000

利用应收账款应计利息公式,计算过程如下:

(1)收益增加

收益的增加＝销售量的增加×单位边际贡献

＝(120 000－100 000)×(5－4)

＝20 000(元)

(2)应收账款占用资金应计利息增加的计算

①应收账款平均余额＝日销售额×信用期间或平均收现期

②应收账款占用资金＝应收账款平均余额×变动成本率

③改变信用期间导致的应计利息增加

＝60 天信用期应计利息－30 天信用期间应计利息

$$=\frac{600\ 000}{360}\times 60\times\frac{480\ 000}{600\ 000}\times 15\%-\frac{500\ 000}{360}\times 30\times\frac{400\ 000}{500\ 000}\times 15\%$$

＝7 000(元)

(3)收账费用和坏账损失增加

收账费用的增加＝4 000－3 000＝1 000(元)

坏账损失的增加＝9 000－5 000＝4 000(元)

(4)改变信用期间的税前损益

改变信用期间的税前损益＝收益增加－成本费用增加

＝20 000－7 000－1 000－4 000

＝8 000(元)

由于收益的增加大于成本的增加,故应采用 60 天信用期。

16. 应收账款周转天数

应收账款周转天数用来反映年度内应收账款平均变现一次所需要的天数。用时间表示的周转速度是应收账款周转天数，也叫平均应收账款回收期或平均收现期，表示企业从取得应收账款的权利到收回款项、转换为现金所需要的时间，计算公式如下：

$$应收账款周转天数=\frac{360}{应收账款周转率}$$

【例 3-2】 甲企业 2019 年 3 月底应收账款为 285 000 元，信用条件为在 60 天按全额付清货款，过去三个月的赊销情况为：

1 月份：90 000 元

2 月份：105 000 元

3 月份：115 000 元

应收账款周转天数的计算：

$$平均日销售额=\frac{90\ 000+105\ 000+115\ 000}{90}=3\ 444.44(元)$$

$$应收账款周转天数=\frac{应收账款余额}{平均日销售额}=\frac{285\ 000}{3\ 444.44}=82.74(天)$$

平均逾期天数的计算：

$$平均逾期天数=应收账款周转天数-平均信用期天数=82.74-60=22.74(天)$$

17. 应收账款周转率

应收账款周转率是营业收入除以平均应收账款余额的比值，也就是年度内应收账款转为现金的平均次数，它说明应收账款流动的速度。

$$应收账款周转率=\frac{营业收入}{平均应收账款余额}$$

其中：平均应收账款余额=（应收账款余额年初数+应收账款余额年末数）÷2

【例 3-3】 表 3-2 为甲公司简化资产负债表。

表 3-2　　甲公司简化资产负债表　　单位：万元

资　　产	2018 年	2019 年	负债及股东权益	2018 年	2019 年
现金	339	431	短期借款	170	199
应收账款	365	503	应付账款	531	634
存货	300	289	其他流动负债	184	221
其他流动资产	324	352	流动负债合计	885	1 054
流动资产合计	1 328	1 575	长期借款	351	363
固定资产净值	2 266	2 361	应付债券	789	846
其他长期资产	251	281	长期负债合计	1 140	1 209
			股本（普通股 590 万股）	590	590
			资本公积	218	315
			盈余公积	202	320
			未分配盈余	810	729
			股东权益合计	1 820	1 954
资产总计	3 845	4 217	负债及股东权益总计	3 845	4 217

2019 年营业收入为 3 689 万元。即：

$$2019\text{ 年甲公司应收账款周转率}=\frac{3\ 689}{(365+503)\div 2}=8.5(\text{次})$$

2019 年甲公司应收账款平均收现天数=365/8.5=42.94(天)

一般来说，应收账款周转率越高，平均收账期越短，说明应收账款的收回越快。否则，企业的营运资金会过多地呆滞在应收账款上，影响正常的资金周转。

18. 应收票据贴现

商业票据贴现时，银行按一定利率从票据的到期值中扣除自借款日至票据到期日的应计利息，将余款支付给持票人。贴现时使用的利率称为贴现率，计算出的利息称为贴现息，扣除贴现息后的余额称为贴现值即现值。

对于应收票据贴现的核算，首先要计算贴现息和贴现净额（或称贴现所得额），其计算公式如下：

贴现息＝票据到期价值×贴现率×贴现期

贴现净额＝票据到期价值－贴现息

“贴现”就是指票据持有人将未到期的票据在背书后送交银行，银行受理后从票据到期值中扣除按银行贴现率计算确定的贴现息，然后将余额付给持票人，作为银行对企业的短期贷款。贴现期是指从票据贴现日到票据到期前一日的时间间隔。应收票据的银行贴现率由银行统一规定，一般用年利率来表示。

（1）不带息应收票据贴现的会计处理

【例 3-4】 光华公司因急需资金，将一张面值为 20 000 元，3 个月期的无息票据提前两个月向银行办理贴现，出票日为 8 月 1 日，到期日为 11 月 1 日，假设银行贴现利率为 9%，该票据的到期值、贴现息和贴现净额计算为：

票据到期价值＝票据面值＝20 000（元）

贴现息＝20 000×9%×2/12＝300（元）

贴现净额＝20 000－300＝19 700（元）

（2）带息应收票据贴现的会计处理

将带息应收票据向银行贴现时，票据到期的本息之和扣除贴现息的余额，就是贴现所得额。

【例 3-5】 新星公司持有一张 6 个月期，面值为 30 000 元的带息银行承兑汇票向银行贴现，该汇票年息为 6%，出票日为 6 月 1 日，到期日为 11 月 30 日，公司于 8 月 1 日向银行贴现，贴现率为 9%。

应收票据到期利息＝30 000×6%×6/12＝900(元)

应收票据到期本息＝30 000＋900＝30 900(元)

贴现息＝30 900×9%×4/12＝927(元)

贴现净额＝30 900－927＝29 973(元)

19. 坏账准备的备抵法

备抵法，是按期估计坏账损失，计入期间费用，同时建立坏账准备金，待实际发生坏账时，冲销已经提取的坏账准备金。

“坏账准备”的年末余额(应提取的坏账准备)估计＝应收账款年末余额×坏账率

当期实际提取的坏账准备＝当期按比例计算的金额“坏账准备”贷方或借方余额

【例 3-6】 某企业从 2018 年开始采用备抵法核算坏账损失。年末应收账款余额为 8 000 000 元，企业估计的坏账损失计提比例为应收账款余额的 5‰。

(1)应计提坏账准备为：8 000 000×5‰＝40 000(元)

(2)若 2019 年企业发生坏账 20 000 元，年末应收账款余额还是 6 000 000元。则：

2019 年末坏账准备贷方余额＝6 000 000×5‰＝30 000(元)

2019 年末应计提坏账准备＝30 000－(40 000－20 000)＝10 000(元)

20. 坏账准备余额百分比法

坏账准备余额百分比法是按照期末应收账款余额的一定百分比估计

坏账损失的方法。坏账百分比由企业根据以往的资料或经验自行确定。在余额百分比法下，企业应在每个会计期末根据本期末应收账款的余额和相应的坏账率估计出期末坏账准备账户应有的余额，它与调整前坏账准备账户已有的余额的差额，就是当期应提的坏账准备金额。

采用余额百分比法计提坏账准备的计算公式如下：

◆首次计提坏账准备的计算公式

当期应计提的坏账准备＝期末应收账款余额×坏账准备计提百分比

◆以后计提坏账准备的计算公式

当期应计提的坏账准备＝当期按应收账款计算应计提的坏账准备金额＋(或－)坏账准备账户借方余额(或贷方余额)

【例 3-7】 向阳公司 2017 年末应收账款余额为 600 000 元，企业根据风险特征估计坏账准备的提取比例为应收账款余额的 0.5%。2018 年发生坏账 5 000 元，该年末应收账款余额为 1 000 000 元。2019 年发生坏账损失 3 500 元，上年冲销的账款中有 2 800 元本年度又收回。该年度末应收账款余额为 600 000 元。假设坏账准备科目在 2017 年初余额为 0。

(1)2017 年应提坏账准备＝600 000×0.5%＝3 000(元)

(2)2018 年年末计提坏账前坏账准备账户的余额为：

5 000－3 000＝2 000(借方)

而要使坏账准备的余额为贷方 1 000 000×0.5%＝5 000(元)，则 2018年应提坏账准备＝5 000＋2 000＝7 000(元)(贷方)。

(3)2019 年年末计提坏账前坏账准备的金额为＝－2 000＋7 000－3 500＋2 800＝4 300(元)(贷方)。

而要使坏账准备的余额为贷方 700 000×0.5%＝3 500(元)(贷方)，则应冲销坏账准备 3 500－4 300＝－1 800(元)，即 2019 年应提坏账准备－1 800 元。

21. 应收账款账龄分析法

应收账款账龄分析法是根据应收账款账龄的长短来估计坏账损失的方法。通常而言,应收账款的账龄越长,发生坏账的可能性越大。为此,将企业的应收账款按账龄长短进行分组,分别确定不同的计提百分比估算坏账损失,使坏账损失的计算结果更符合客观情况。

采用账龄分析法计提坏账准备的计算公式如下:

◆首次计提坏账准备的计算公式

当期应计提的坏账准备$=\sum$(期末各账龄组应收账款余额×各账龄组坏账准备计提百分比)

◆以后计提坏账准备的计算公式

当期应计提的坏账准备=当期按应收账款计算应计提的坏账准备金额+(或-)坏账准备账户借方余额(或贷方余额)

【例 3-8】 绿地公司坏账准备核算采用账龄分析法,对未到期、逾期半年内和逾期半年以上的应收账款分别按 1%、5%、10%估计坏账损失。该公司 2018 年 12 月 31 日有关应收款项账户的年末余额,见表 3-3。

表 3-3　　应收账款账龄分析法

情形	应收账款期末余额(元)	坏账损失计提比率(%)
未到期	1 000 000	1%
逾期半年	200 000	5%
逾期半年以上	300 000	10%
逾期一年以上	400 000	15%

若绿地公司"坏账准备"账户 2018 年年初贷方余额为 60 000 元,2018年确认的坏账损失为 120 000 元,则甲公司 2018 年 12 月 31 日计提

坏账准备计入“资产减值损失”账户的金额为多少？

绿地公司 2018 年 12 月 31 日计提坏账准备计入“资产减值损失”账户的金额＝200 000×5％＋300 000×10％＋1 000 000×1％＋400 000×15％＋120 000－60 000＝170 000(元)。

CHAPTER 04

流动负债管理公式

22. 信贷承诺费

信贷承诺费=(周转信贷额度-年内实际使用贷款)×承诺费率

【例 4-1】 某企业与银行商定的周转信贷额度为 30 000 000 元，年内实际使用了 24 000 000 元，承诺费率 0.5%，企业应向银行支付的承诺费为：

$$信贷承诺费=(30\ 000\ 000-24\ 000\ 000)\times 0.5\%=30\ 000(元)$$

23. 补偿性借款实际利率

$$借款实际利率=\frac{实际借款金额\times 年利率}{实际可动用的贷款}或\frac{年利率}{1-补偿性余额百分比}$$

【例 4-2】 某企业向银行借款 10 000 000 元，利率为 8%，银行要求保留 10%的补偿性余额，则企业实际可用到的贷款为 9 000 000 元，该借款的实际利率为：

$$借款实际利率为=\frac{10\ 000\ 000\times 8\%}{9\ 000\ 000}=\frac{8\%}{1-10\%}=8.89\%$$

24. 贴现法借款实际利率

由于企业向银行借款时，银行要求企业在银行中保持按贷款限额或实际借用额一定比例计算最低存款余额。从而导致名义利率与实际负担的利率不同，计算公式如下：

$$贴现法借款实际利率=\frac{实际借款金额\times 年利率}{实际可动用的贷款}=\frac{年利率}{1-年利率}\times 100\%$$

【例 4-3】 春兰公司向银行借款 10 000 000 元，利率 6%，银行要求保留 10%的补偿性余额，则企业实际可动用的贷款为时 9 404 388.27 元，该借款实际利率为：

$$借款实际利率=\frac{10\ 000\ 000\times 6\%}{9\ 404\ 388.27}=\frac{6\%}{1-6\%}=6.38\%$$

25. 加息法借款实际利率

加息法是银行发放分期等额偿还贷款时采用的利息收取方法。由于贷款本金分期均衡偿还，借款企业实际上只平均使用了贷款本金的一半，却支付了全额利息。

计算公式如下：

$$加息法借款实际利率=\frac{实际借款金额\times 年利率}{实际借款金额\div 2}\times 100\%$$

【例 4-4】 向阳公司借入年利率为 10%的贷款 2 000 000 元，分 12 个月等额偿还本息。该项借款的实际利率为：

$$实际利率=\frac{2\ 000\ 000\times 10\%}{2\ 000\ 000\div 2}\times 100\%=20\%$$

26. 放弃折扣的信用成本率

企业为了鼓励客户提前偿付货款，通常与债务人达成协议，债务人在不同期限内付款可享受不同比例的折扣。现金折扣一般用符号“折扣/付款期限”表示。例如，买方在 10 天内付款可按售价给予 2%的折扣，用符号“2/10”表示；在 20 天内付款按售价给予 1%的折扣，用符号“1/20”表示；在 30 天内付款，则不给折扣，用符号“n/30”表示。

倘若买方企业购买货物后在卖方规定的折扣期内付款，可以获得免费信用。若放弃折扣期付款，则要付出放弃现金折扣成本。

计算公式如下：

$$放弃折扣的信用成本率=\frac{折扣百分比}{1-折扣百分比}\times\frac{360}{信用期-折扣期}$$

【例 4-5】 向阳公司按“2/10、n/30”的付款条件购入货物 800 000 元，如果企业在 10 天后付款，放弃现金折扣 16 000 元(800 000×2%)，信用额度为 784 000 元。则放弃现金折扣的信用成本为：

$$放弃折扣的信用成本率=\frac{2\%}{1-2\%}\times\frac{360}{30-10}=36.73\%$$

27. 应付账款周转率

应付账款周转率=(主营业务成本+期末存货成本-期初存货成本)÷平均应付账款余额×100%

应付账款周转率＝主营业务成本净额÷平均应付账款余额×100％

或：应付账款周转率＝销售成本÷平均应付账款余额

其中：平均应付账款余额＝（应付账款期初数＋应付账款期末数）÷2

【例 4-6】 向阳公司 2019 年 3 月，预计主营业务成本 3 700 000 元，3 月底存货为 1 200 000 元，3 月初存货余额为 800 000 元，平均应付款余额 2 400 000 元。

即：应付账款周转率＝（主营业务成本＋期末存货成本－期初存货成本）/平均应付账款×100％

＝[(3 700 000＋1 200 000－800 000)/2 400 000]×100％

＝1.71（次）

28. 应付账款周转天数

应付账款周转天数，又称平均付现期，计算公式为：

应付账款周转天数＝360/应付账款周转率

【例 4-7】 向阳公司 2019 年 3 月，预计主营业务成本 3 700 000 元，3 月底存货为 1 200 000 元，3 月初存货余额为 800 000 元，平均应付款余额 2 400 000 元，计算应收账款周转天数。

承【例 4-6】可知，应收账款周转率为 1.71 次，可知：

应付账款周转天数＝360/应付账款周转率

＝360/1.71

＝210.53（天）

CHAPTER 05

筹资与投资项目公式

29. 单利终值与现值

资金时间价值又称货币时间价值，是指在不考虑通货膨胀和风险性因素的情况下，资金在其周转使用过程中随着时间因素的变化而变化的价值，其实质是资金周转使用后带来的利润或实现的增值。所以，资金在不同的时点上，其价值是不同的，如今天的 100 元和一年后的 100 元是不等值的。资金时间价值的计算有两种方法：一是只就本金计算利息的单利法；二是不仅本金要计算利息，利息也能生利，即俗称“利上加利”的复利法。

计算货币时间价值量，首先引入“现值”和“终值”两个概念表示不同时期的货币时间价值。

现值又称本金，是指资金现在的价值。

终值又称本利和，是指资金经过若干时期后包括本金和时间价值在内的未来价值。

单利是指只对借贷的原始金额或本金支付（收取）的利息。我国银行一般是按照单利计算利息的。

（1）单利终值

单利终值是本金与未来利息之和。其计算公式为：

$$F=P+I=P+P\times i\times t=P\times(1+i\times t)$$

式中：P——本金（现值）；

i——利率；

I——利息；

F——本利和(终值);

t——时间。

【例 5-1】 将 1 000 元存入银行,利率假设为 3.5%,计算一年后、两年后、三年后的终值是多少?

一年后:$1\ 000\times(1+3.5\%)=1\ 035$(元)

两年后:$1\ 000\times(1+3.5\%\times2)=1\ 070$(元)

三年后:$1\ 000\times(1+3.5\%\times3)=1\ 105$(元)

(2)单利现值

单利现值是资金现在的价值。单利现值的计算就是确定未来终值的现在价值。

单利现值的计算公式为:

$$P=F-I=F-F\times i\times t=F\times(1-i\times t)$$

【例 5-2】 假设银行存款利率为 5%,为 3 年后获得 30 000 元现金。某人现在应存入银行多少钱?

$$P=30\ 000\times(1-5\%\times3)=25\ 500(\text{元})$$

30. 复利终值

复利就是不仅本金要计算利息,本金所生的利息在下期也要加入本金一起计算利息,即通常所说的"利滚利"。

在复利的计算中,设定以下符号:F——复利终值;i——利率;P——复利现值;n——期数。

(1)复利终值

复利终值是指一定数量的本金在一定的利率下按照复利的方法计算出的若干时期以后的本金和利息。例如公司将一笔资金存入银行,年利

率为 i，如果每年计息一次，则 n 年后的本利和就是复利终值。如图 5-1所示。

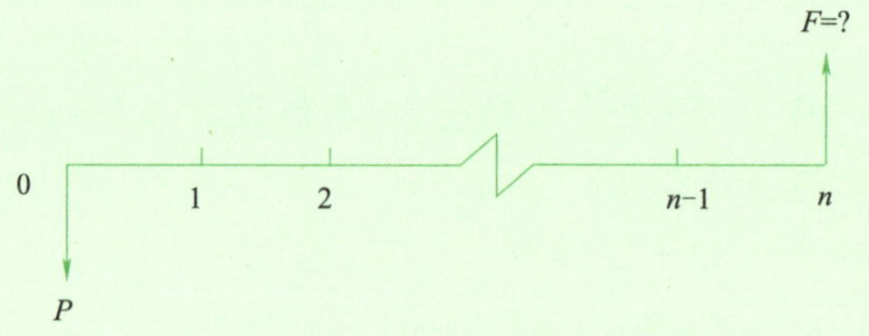

图 5-1　复利终值示意图

一年后的终值为：

$F_1 = P + P \times i = P \times (1+i)$

两年后的终值为：

$F_2 = F_1 + F_1 \times i = F_1 \times (1+i) = P \times (1+i)(1+i) = P \times (1+i)^2$

由此可以推出 n 年后复利终值的计算公式为：

$F = P \times (1+i)^n$

复利终值公式中，$(1+i)^n$ 称为复利终值系数，用符号 $(F/P, i, n)$ 表示。

【例 5-3】 将 1 000 元存入银行，利率假设为 5%，一年后、两年后、三年后的终值是多少？（复利计算）

一年后：$1\ 000 \times (1+5\%) = 1\ 050$（元）

两年后：$1\ 000 \times (1+5\%)^2 = 1\ 102.5$（元）

三年后：$1\ 000 \times (1+5\%)^3 = 1\ 157.6$（元）

上例中，$(F/P, 5\%, 3)$，表示利率为 5%、3 期的复利终值系数。复利终值系数可以通过查“复利终值系数表”（见本书附表）获得。通过复利系数表，还可以在已知 F、i 的情况下查出 n；或在已知 F、n 的情况下查出 i。

31. 复利现值

复利现值是指未来一定时间的特定资金按复利计算的现在价值。即为取得未来一定本利和现在所需要的本金。例如，将 n 年后的一笔资金 F，按年利率 i 折算为现在的价值，这就是复利现值。如图 5-2 所示。

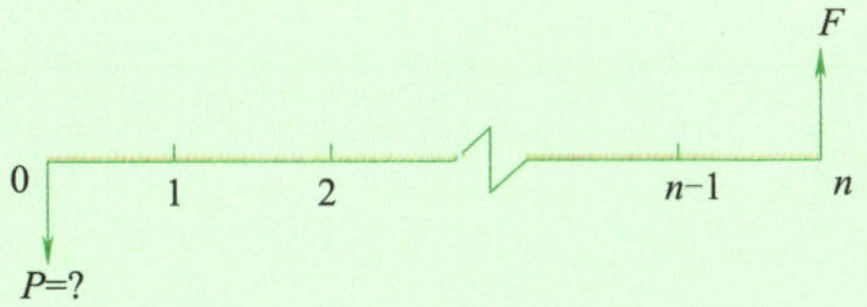

图 5-2　复利现值示意图

由终值求现值称为折现，折算时使用的利率称为折现率。复利现值的计算公式为：

$$P=\frac{F}{(1+i)^n}$$
$$=F\cdot(1+i)^{-n}$$

公式中 $(1+i)^{-n}$ 称为复利现值系数，用符号 $(P/F,i,n)$ 表示。例如 $(P/F,5\%,4)$，表示利率为 5%，4 期的复利现值系数。

【例 5-4】 甲网络公司计划 4 年后进行技术改造，需要资金 2 200 000 元，当银行利率为 5% 时，公司现在应存入银行的资金为：

$$P=F\times(1+i)^{-n}=2\ 200\ 000\times(1+5\%)^{-4}=2\ 200\ 000\times0.822\ 7$$
$$=1\ 809\ 940(\text{元})$$

与复利终值系数表相似，通过现值系数表在已知 i、n 的情况下计算 P；或在已知 P，i 的情况下查出 n；或在已知 P、n 的情况下查出 i。

32. 普通年金终值

年金是指一定时期内一系列相等金额的收付款项，如分期付款赊购，分期偿还贷款、发放养老金、支付租金、提取折旧等都属于年金收付形式。按照收付的次数和支付的时间划分，年金可以分为普通年金、预付年金、递延年金和永续年金。

(1)普通年金

普通年金是指每期期末有等额的收付款项的年金，又称后付年金，如图 5-3 所示。

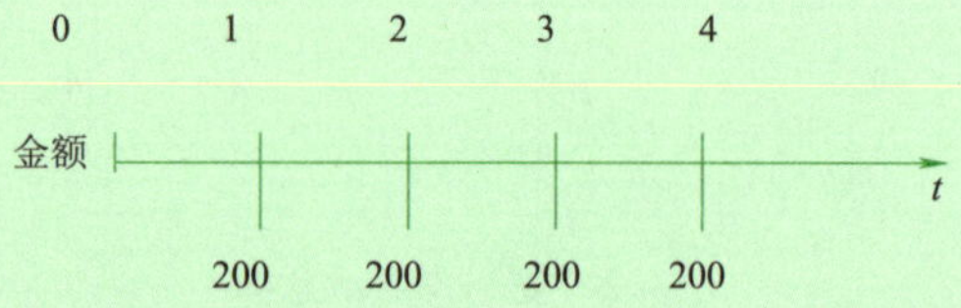

图 5-3　普通年金示意图

图 5-3，横轴代表时间，用数字标出各期的顺序号，竖线的位置表示支付的时刻，竖线下端数字表示支付的金额。图 5-3 表示 4 期内每年 200 元的普通年金。

(2)普通年金的终值

普通年金终值是指一定时期内每期期末等额收付款项的复利终值之和。例如，按图 5-3 的数据，假如 $i=8\%$，第四期期末的普通年金终值的计算，如图 5-4 所示。

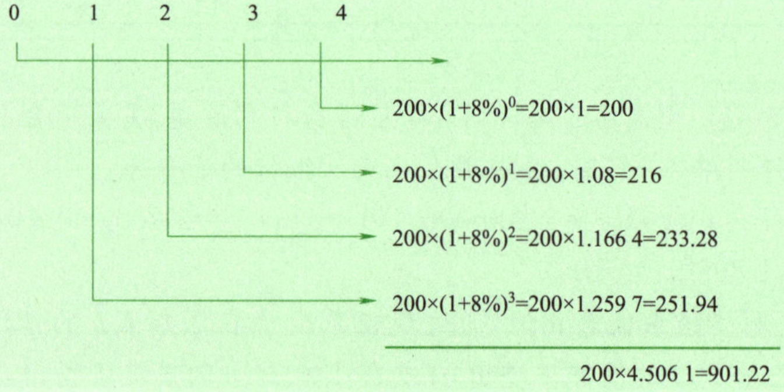

图 5-4　普通年金终值计算示意图

从以上的计算可以看出，通过复利终值计算年金终值比较复杂，但存在一定的规律性，由此可以推导出普通年金终值的计算公式。

根据复利终值的方法计算年金终值 F 的公式为：

$$F=A+A\cdot(1+i)+A\cdot(1+i)^{2}+\cdots+A\cdot(1+i)^{n-1} \quad (1)$$

等式两边同乘$(1+i)$，则有：

$$F\cdot(1+i)=A\cdot(1+i)+A\cdot(1+i)^{2}+A\cdot(1+i)^{3}\cdots+A\cdot(1+i)^{n} \quad (2)$$

公式(2)－公式(1)，即

$$F\cdot(1+i)-F=A\cdot(1+i)^{2}-A$$

$$F\cdot i=A\cdot[(1+i)^{n}-1]$$

$$F=A\,\frac{(1+i)^{n}-1}{i}$$

公式中，$\frac{(1+i)^{n}-1}{i}$通常称为“年金终值系数”，用符号$(F/A,i,n)$表示。

在年金的计算中，设定以下符号：

A——每年收付的金额；

i——利率；

F——年金终值；

P——年金现值；

n——期数。

年金终值系数可以通过查“年金终值系数表”获得。该表的第一行是利率 i，第一列是计息期数 n。相应的年金系数在其纵横交叉之处。例如，可以通过查表获得$(F/A,8\%,4)$的年金终值系数为 4.374 6，即每年年末收付 1 元，按年利率为 6% 计算，到第 4 年年末，其年金终值为 4.506 1元。

【例 5-5】 某公司每年在银行存入 50 000 元，计划在 10 年后更新设备，银行存款利率 6%，到第 10 年末公司能筹集的资金总额是多少？

$$F=A\times\frac{(1+i)^{n}-1}{i}$$

$$=50\,000\times\frac{(1+6\%)^{10}-1}{6\%}$$

$$=50\,000\times15.937$$

$$=796\,850(\text{元})$$

在年金终值的一般公式中有四个变量 F、A、i、n，已知其中的任意三个变量都可以计算出第四个变量。

【例 5-6】 某公司计划在 7 年后改造厂房，预计需要 500 万元，假设银行存款利率为 3%，该公司在这 7 年中每年年末要存入多少万元才能满足改造厂房的资金需要？

$$F=A\times\frac{(1+i)^n-1}{i}$$

$$5\,000\,000=A\times\frac{(1+3\%)^7-1}{3\%}$$

$$5\,000\,000=A\times7.662\,5$$

$$A=652\,528.55(\text{元})$$

该公司在银行存款利率为 3%时，每年年末存入 652 528.55 元，7 年后可以获得 5 000 000 元用于改造厂房。

33. 普通年金现值

普通年金现值是指一定时期内每期期末收付款项的复利现值之和。假如 $i=7\%$，其普通年金现值的计算，如图 5-5 所示。

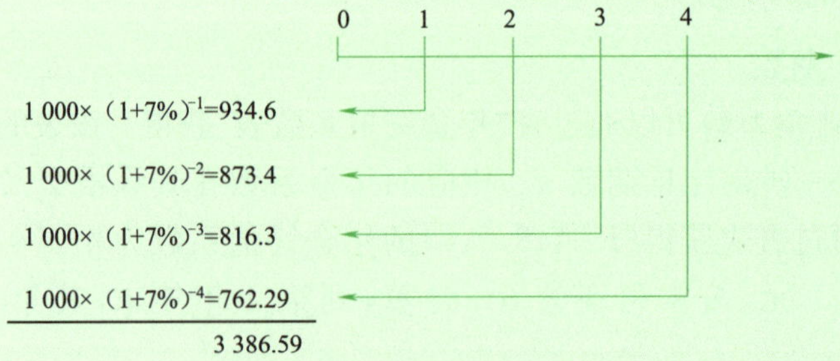

图 5-5　普通年金现值计算示意图

从以上计算可以看出，通过复利现值计算年金现值比较复杂，但存在一定的规律性，由此可以推导出普通年金终值的计算公式。

根据复利现值的方法计算年金现值 P 的计算公式为：

$$P=A\frac{1}{(1+i)}+A\frac{1}{(1+i)^2}+\cdots+A\frac{1}{(1+i)^{n-1}}+A\frac{1}{(1+i)^n} \qquad (1)$$

等式两边同乘$(1+i)$，则有：

$$P\times(1+i)=A+A\frac{1}{(1|i)}+A\frac{1}{(1+i)^2}+\cdots+$$

$$A\cdot\frac{1}{(1+i)^{n-2}}+A\cdot\frac{1}{(1+i)^{n-1}} \qquad (2)$$

公式(2)减去公式(1)：

$$P(1+i)-p=A-A\frac{1}{(1+i)^n}$$

$$P\times i=A\times[1=\frac{1}{(1+i)^n}]$$

$$P=A\times\frac{1-(1+i)^{-n}}{i}$$

公式中，$\frac{1-(1+i)^{-n}}{i}$通常称为“年金现值系数”，用符号$(P/A,i,n)$表示。年金现值系数可以通过查“年金现值系数表”获得。该表的第一行是利率 i，第一列是计息期数 n。相应的年金现值系数在其纵横交叉之处。例如，可以通过查表获得$(P/A,7\%,4)$的年金现值系数为 3.387 2，即每年末收付 1 元，按年利率为 7%计算，其年金现值为 3.387 2 元。

【例 5-7】 某公司预计在 10 年中，从一名顾客处收取 8 000 元的汽车贷款还款，贷款利率为 6%，该顾客借了多少资金，即这笔贷款的现值是多少？

$$P=A\cdot\frac{1-(1+i)^{-n}}{i}$$

$$=8\,000\times\frac{1-(1+6\%)^{-10}}{6\%}$$

$$=8\,000\times7.360\,1$$

$$=58\,880.8(元)$$

在年金现值的一般公式中有四个变量 P、A、i、n，已知其中的任意三个变量都可以计算出第四个变量。

34. 预付年金终值

(1)预付年金

预付年金是指每期期初有等额的收付款项的年金，又称预付年金。如图 5-6 所示。

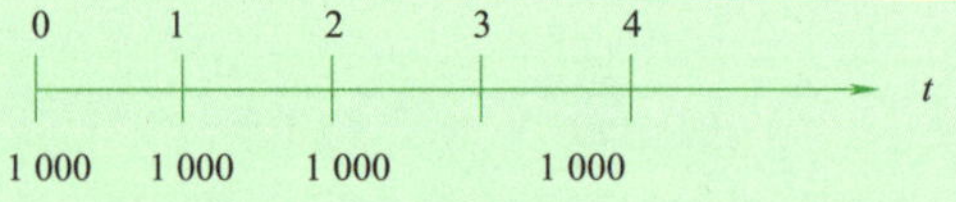

图 5-6　预付年金示意图

图 5-6，横轴代表时间，用数字标出各期的顺序号，竖线的位置表示支付的时刻，竖线下端数字表示支付的金额。上图表示 4 期内每年 1 000 元的预付年金。

(2)预付年金的终值

预付年金终值是指一定时期内每期期初等额收付款项的复利终值之和。例如，按图 5-6 的数据，假如 $i=8\%$，第 4 期期末的年金终值的计算如图 5-7 所示。

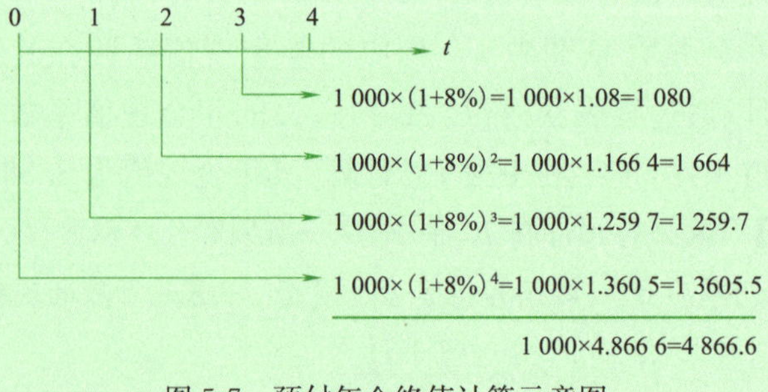

图 5-7　预付年金终值计算示意图

从以上的计算可以看出，预付年金与普通年金的付款期数相同，但由于其付款时间的不同，预付年金终值比普通年金终值多计算一期利息。因此，可在普通年金终值的基础上乘上 $(1+i)$ 就是预付年金的终值。

预付年金的终值 F 的计算公式为：

$$
\begin{aligned}
F &= A\times\frac{(1+i)^{n}-1}{i}\times(1+i)\\
&= A\times\frac{(1+i)^{n+1}+(1+i)}{i}\\
&= A\times\left[\frac{(1+i)^{n+1}-1}{i}-1\right]
\end{aligned}
$$

公式中$\frac{(1+i)^{n+1}-1}{i}-1$常称为“预付年金终值系数”，它是在普通年金终值系数的基础上，期数加 1，系数减 1 求得的，可表示为$[(F/A,i,n+1)-1]$，可通过查“普通年金终值系数表”，得$(n+1)$期的值，然后减去 1 可得对应的预付年金终值系数的值。例如$[(F/A,6\%,4+1)-1]$，$(F/A,6\%,4+1)$的值为 5.637 1，再减去 1，得预付年金终值系数为 4.637 1。

【例 5-8】 某公司租赁生产设备，每年年初支付租金 60 000 元，年利率为 10%，该公司计划租赁 10 年，需支付的租金为多少？

$$
\begin{aligned}
F &= A\times\left[\frac{(1+i)^{n+1}-1}{i}-1\right]\\
&= 60\,000\times\left[\frac{(1+10\%)^{10+1}-1}{10\%}-1\right]\\
&= 60\,000\times 17.531\\
&= 1\,051\,860(\text{元})
\end{aligned}
$$

或：$F=A\times[(F/A,i,n+1)-1]$

$=60\,000\times[(F/A,10\%,10+1)-1]$

查“年金终值系数表”得：

$(F/A,10\%,10+1)=18.531$

$F=60\,000\times(18.531-1)=1\,051\,860$(元)

35. 预付年金现值

预付年金现值是指一定时期内每期期初收付款项的复利现值之和。例如，按图 5-6 的数据，假如 $i=8\%$，其预付年金现值的计算，如图 5-8 所示。

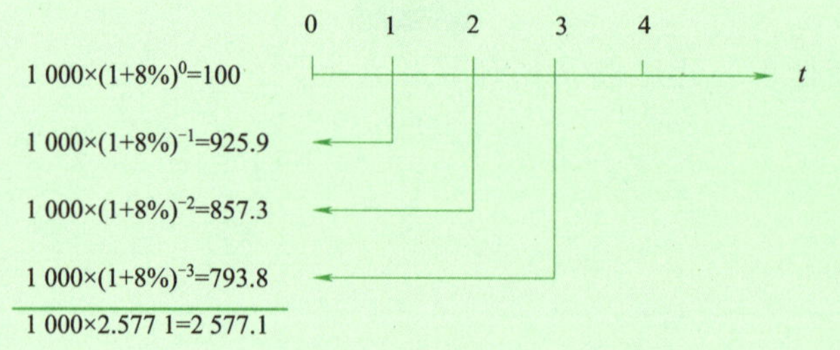

图 5-8　预付年金现值计算示意图

从以上的计算可以看出，预付年金与普通年金的付款期数相同，但由于其付款时间的不同，预付年金现值比普通年金现值少折算一期利息。因此，可在普通年金现值的基础上乘上$(1+i)$就是预付年金的现值。

预付年金的现值 P 的计算公式为：

$$P=A\times\frac{1-(1+i)^{-n}}{i}\times(1+i)$$

$$=A\times\frac{(1+i)-(1+i)^{-(n-1)}}{i}$$

$$=A\times\left[\frac{1-(1+i)^{-(n-1)}}{i}+1\right]$$

公式中，$\left[\frac{1-(1+i)^{-(n-1)}}{i}+1\right]$通常称为“预付年金现值系数”，预付年金现值系数是在普通年金现值系数的基础上，期数减 1，系数加 1 求得的，可表示为$[(P/A,i,n-1)+1]$，可通过查“年金现值系数表”，得$(n-1)$期的值，然后加上 1 可得对应的预付年金现值系数的值。例如$[(P/A,8\%,4-1)+1]$，$(P/A,8\%,4-1)$的值为 2. 577 1，再加上 1，得预付年金现值系数为 3. 577 1。

【例 5-9】　某人分期付款购买住宅，每年年初支付 60 000 元，30 年还款期，假设银行借款利率为5%，该项分期付款如果现在一次性支付，需支付现金是多少？

$$P = A\times[\frac{1-(1+i)^{-(n-1)}}{i}+1]$$
$$=60\ 000\times[\frac{1-(1+5\%)^{-(30-1)}}{5\%}+1]$$
$$=60\ 000\times16.141\ 1$$
$$=968\ 466(\text{元})$$

或：$P = A\times[(P/A,i,n-1)+1]$

$=60\ 000\times[(P/A,5\%,30-1)+1]$

查“年金现值系数表”得：

$(P/A,5\%,30-1)=15.141\ 1$

$P=60\ 000\times(15.1411+1)=968\ 466$（元）

36. 递延年金终值

递延年金是指第一次收付款发生时间是在第二期或者第二期以后的年金。递延年金的收付形式，如图5-9所示。

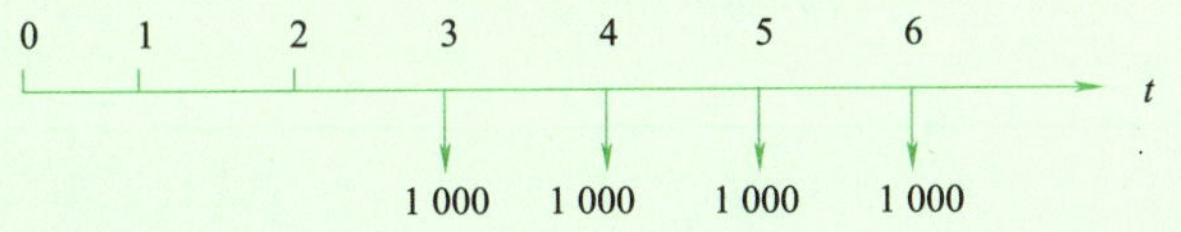

图5-9　递延年金示意图

从图5-9可以看出，递延年金是普通年金的特殊形式，第一期和第二期没有发生收付款项，一般用m表示递延期数，$m=2$。从第三期开始连续4期发生等额的收付款项，$n=4$。即：

$$F=A\cdot(F/A,i,n)$$

递延年金终值的计算方法与普通年金终值的计算方法相似，其终值的大小与递延期限无关。

37. 递延年金现值

递延年金现值是自若干时期后开始每期款项的现值之和。其现值计算方法有两种：

方法一，第一步把递延年金看作 n 期普通年金，计算出递延期末的现值；第二步将已计算出的现值折现到第一期期初。

【例 5-10】 根据图 5-10，假设银行利率为 9%，其递延年金现值为多少？

第一步，计算 4 期的普通年金现值。

$$P_2 = A \times \frac{1-(1+i)^{-n}}{i}$$

$$= 1\ 000 \times \frac{1-(1+9\%)^{4}}{9\%}$$

$$= 1\ 000 \times 3.239\ 7$$

$$= 3\ 239.7(\text{元})$$

第二步，已计算的普通年金现值，折现到第一期期初。

$$P_0 = P_2 \times \frac{1}{(1+i)^m}$$

$$= 3\ 239.7 \times \frac{1}{(1+9\%)^2}$$

$$= 3\ 239.7 \times 0.841\ 7$$

$$= 2\ 726.86(\text{元})$$

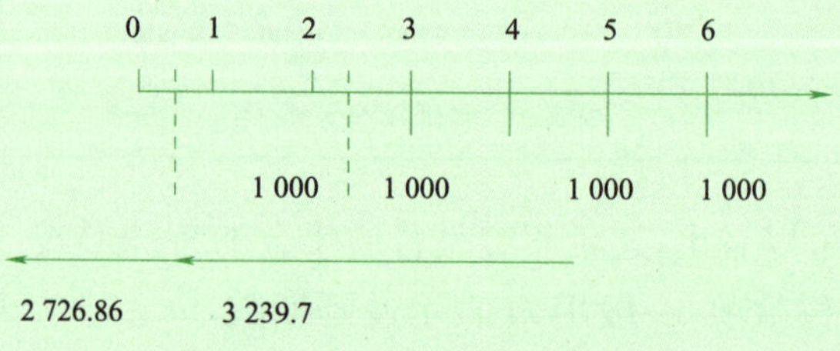

图 5-10　递延年金现值示意图

方法二，如图 5-11 所示，第一步计算出 $(m+n)$ 期的年金现值；第二步，计算 m 期年金现值；第三步，将计算出的 $(m+n)$ 期扣除递延期 m 的年金现值，得出 n 期年金现值的计算步骤为：

$$P_{(m+n)} = 1\ 000 \times \frac{1-(1+9\%)^{2+4}}{9\%}$$

$$=1\ 000\times4.485\ 9$$

$$=4\ 485.9(\text{元})$$

$$P_{(m)}=1\ 000\times\frac{1-(1+9\%)^{2}}{9\%}$$

$$=1\ 000\times1.759\ 1$$

$$=1\ 759.1(\text{元})$$

$$P_{(n)}=P_{(m+n)}-P_{(m)}$$

$$=4.485\ 9-1\ 759.1$$

$$=2\ 726.86(\text{元})$$

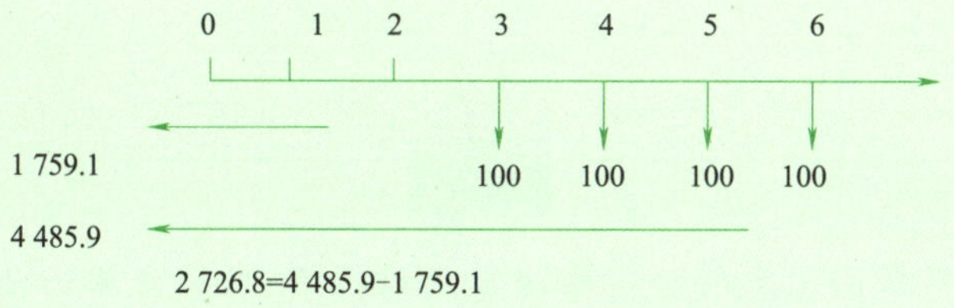

图 5-11　不规则递延年金现值示意图

38. 永续年金

永续年金是指无限期支付的年金，如优先股股利。由于永续年金持续期无限，没有终止时间，因此没有终值，只有现值。永续年金可视为普通年金的特殊形式，即期限趋于无穷的普通年金。其现值的计算公式可由普通年金现值公式推出。

永续年金现值 P 计算公式为：

$$P=A\times\frac{1-(1+i)^{-n}}{i}$$

$$=A\times\frac{1-\frac{1}{(1+i)^{n}}}{i}$$

当$i\to\infty$时，$\frac{1}{(1+i)^n}\to 0$

则：$P=\frac{A}{i}$

此公式在企业价值评估和企业并购确定目标企业价值时用到。

39. 转换比率

转换比率是指每一张转换债券在既定的转换价格下能转换为普通股股票的数量。

在债券面值和转换价格确定的前提下，转换比率为债券面值与转换价格之商：

$$转换比率=\frac{转换面值}{转换价格}$$

【例 5-11】 向阳公司发行的可转换债券每份面值 2 500 元，转换价格为每股 50 元。

转换比率为＝2 500/50＝50（股）

40. 资本成本的一般模式

为了便于分析比较，资本成本通常采用不考虑货币时间价值的一般通用模型计算。一般模式通用的计算公式如下：

$$资本成本率=\frac{年资金占用费}{筹资总额-筹资费用}=\frac{年资金占用费}{筹资总额\times(1-筹资费用率)}$$

41. 资本成本率的折现模式

对于金额大、时间超过1年的长期资本，更为准确一些的资本成本计算方式是采用贴现模式，即将债务未来还本付息或股权未来股利分红的贴现值与目前筹资净额相等时的贴现率作为资本成本率，即

由：筹资净额现值未来资本清偿额现金流量现值为0

得：资本成本率=所采用的贴现率

【例5-12】 向阳公司发行总面额1 000万元，票面利率为10%，偿还期限4年，发行费率4%，所得税税率为25%的债券，该债券发行价为991.02万元。已知：$(P/A,9\%,4)=3.239\ 7$，$(P/F,9\%,4)=0.708\ 4$；$(P/A,8\%,4)=3.312\ 1$，$(P/F,8\%,4)=0.735\ 0$

根据公式：$991.02\times(1-4\%)=1\ 000\times10\%\times(1-25\%)\times(P/A,K_b,4)+1\ 000\times(P/F,K_b,4)$

$951.38=75\times(P/A,K_b,4)+1\ 000\times(P/F,K_b,4)$

假设$K_b=9\%$时，则$75\times3.239\ 7+1\ 000\times0.708\ 4=951.38$（万元）

即资本成本率为9%。

42. 银行借款的资本成本率

银行借款资本成本包括借款利息和借款手续费用，手续费用是筹资费用的具体表现。利息费用在税前支付，可以起抵税作用，一般计算税后资本成本率，以便与权益资本成本率具有可比性。

银行借款的资本成本率按一般模式计算公式为：

$$K_b=\frac{\text{年利率}\times(1-\text{所得税税率})}{1-\text{手续费率}}\times100\%$$

$$=\frac{i\times(1-T)}{1-f}\times100\%$$

式中：K_b——银行借款资本成本率；

i——银行借款年利率；

f——筹资费用率；

T——所得税率。

【例 5-13】 向阳公司取得 5 年长期借款 3 500 000 元，年利率 10%，每年付息一次，到期一次还本，借款费用率 0.2%，企业所得税率 25%，该项借款的资本成本率为：

$$K_b=\frac{10\%\times(1-25\%)}{1-0.2\%}=7.52\%$$

43. 公司债券资本成本率

公司债券资本成本包括债券利息和借款发行费用。债券可以溢价发行，也可以折价行，其资本成本率按一般模式计算为：

$$K_b=\frac{\text{年利息}\times(1-\text{所得税税率})}{\text{债券筹资总额}\times(1-\text{手续费率})}\times100\%=\frac{I(1-T)}{L(1-f)}\times100\%$$

式中：L 为公司债券筹资总额。

【例 5-14】 立盾公司以 1 200 000 元的价格，溢价发行面值为 1 100 000 元、期限 5 年、票面利率为 10%的公司债券一批。每年付息一次，到期一次还本，发行费用率 5%，所得税率为 25%，该批债券的资本成本率为：

$$K_b=\frac{1\,100\,000\times10\%\times(1-20\%)}{1\,200\,000\times(1-5\%)}=\frac{88\,000}{1\,140\,000}=7.72\%$$

44. 融资租赁资本成本率

融资租赁各期的租金中，包含有本金每期的偿还和各期手续费用（即租赁公司的各期利润），其资本成本率只能按贴现模式计算。

设备原价－预计净残值×$(P/F,K_b,n)$＝每年租金×$(P/A,K_b,n)$

【例 5-15】 立盾公司欲租赁一台设备，该设备价值为 600 000 元，租期 6 年，租赁期满时预计残值 50 000 元，归租赁公司。每年租金 131 283 元，则：

$$600\,000-50\,000\times(P/F,K_b,6)=131\,283\times(P/A,K_b,6)$$

利用插值法，得：$K_b=10\%$

45. 资本资产定价模型

根据风险与收益的一般关系，某资产的必要收益率是由无风险收益率和资产的风险收益率决定的。即：

必要收益率＝无风险收益率＋风险收益率

$$R=R_f+\beta\times(R_m-R_f)$$

式中：R 表示某资产的必要收益率；β 表示该资产的风险系数；R_f 表示无风险收益率，R_m 表示市场组合收益率。

公式中 (R_m-R_f) 称为市场风险溢酬。

风险收益率＝$\beta\times(R_m-R_f)$

【例 5-16】 假设深发展公司 β 系数是 1.2，短期国库券利率为 5%，股票市场平均收益率为13%，该年深发展股票的必要收益率为：

$$R=R_f+\beta\times(R_m-R_f)$$
$$=5\%+1.2\times(13\%-5\%)$$
$$=14.6\%$$

46. 平均资本成本率

企业平均资本成本是以各项个别资本在企业总资本中的比重为权数，对各项资本成本率进行加权平均而得到的总资本成本率。计算公式为：

$$K_w=\sum_{j=1}^{n}K_jW_j$$

式中：K_w——平均资本成本；

K_j——第 j 种个别资本成本率；

W_j——第 j 种个别资本在全部资本中的比重。

【例5-17】 春兰公司2018年年末长期资本账面总额为15 000 000元，其中：银行长期贷款3 000 000元，占20%；长期债券3 750 000元，占25%；普通股8 250 000元（3 000 000股，每股面值1元）占55%。个别资本成本分别为：7%、8%、9%。则春兰公司的平均资本成本为：

按账面价值计算：

$$K_w=7\%\times20\%+8\%\times25\%+9\%\times55\%$$
$$=1.4\%+2\%+4.95\%$$
$$=0.014+0.02+0.049\,5$$
$$=8.35\%$$

按市场价值计算：

$$K_w=\frac{7\%\times3\,000\,000+8\%\times3\,750\,000+9\%\times8\,250\,000}{3\,000\,000+3\,750\,000+8\,250\,000}$$
$$=8.35\%$$

47. 边际资本成本

边际资本成本是企业追回筹资的成本，企业的个别资本成本和平均资本成本，是企业过去的单项资本成本的成本或目前使用全部资本的成本。

边际资本成本＝目标资本结构比重×个别资本成本

【例 5-18】 春兰公司设定的目标资本结构为：银行借款 25％、公司债券 20％、普通股 55％。现拟追加筹资 4 000 000 元，按此资本结构来筹资。个别资本成本率预计分别为：银行借款 8％、公司债券 14％、普通股权益 18％。追加投资 4 000 000 元的边际资本成本，见表 5-1。

表 5-1　　边际资本成本计算表

资本种类	目标资本结构	追加筹资额	个别资本成本	边际资本成本
银行借款	25％	1 000 000	8％	①2％
公司债券	20％	800 000	14％	②2.8％
普通股	55％	2 200 000	18％	③9.9％
合计	100％	4 000 000	—	④14.7％

根据表 5-1，计算边际资本成本。

①25％×8％＝2％

②20％×14％＝2.8％

③55％×18％＝9.9％

④2％＋2.8％＋9.9％＝14.7％

48. 经营杠杆系数

经营杠杆，是指由于固定性经营成本的存在，而使得企业的资产报酬（息税前利润）变动率大于业务量变动率的现象。经营杠杆反映了资产报酬的波动性，用以评价企业的经营风险。

用息税前利润(EBIT)表示资产总报酬,则计算公式:

$$
\begin{aligned}
EBIT &= S-V-F \\
&= (P-V_c)Q-F \\
&= M-F
\end{aligned}
$$

式中:EBIT——息税前利润;

S——销售额;

V——变动性经营成本;

F——固定性经营成本;

Q——产销业务量;

P——销售单价;

Vc——单位变动成本;

M——边际贡献。

(1)计算公式的推导

基期:$EBIT=(P-V)Q-F$

预计:$EBIT=(P-V)Q-F$

$$\Delta EBIT=(P-V)\Delta Q$$

$$
\begin{aligned}
DOL &= \frac{\Delta EBIT/EBIT}{\Delta Q/Q}=\frac{(P-V)\Delta Q/EBIT}{\Delta Q/Q} \\
&= (P-V)Q/EBIT \\
&= M/EBIT=\text{基期边际贡献/基期息税前利润}
\end{aligned}
$$

(2)影响经营杠杆的因素

经营杠杆系数(DOL)$=\frac{(P-V)\times Q}{(P-V)\times Q-F}$

$$
\begin{cases}
V、F\text{与 DOL 同向关系} \\
P、Q\text{与 DOL 反向关系} \\
F=0, DOL=1
\end{cases}
$$

经营标杆定义系数公式为:$DOL=\frac{\text{息税前利润变动率}}{\text{产销量变动率}}=\frac{\Delta EBIT}{EBIT}/\frac{\Delta Q}{Q}$

经营杠杆系数计算公式为：$DOL=\frac{基期}{基期息税前利润}=\frac{M}{M-F}=\frac{EBIT+F}{EBIT}$

(3)经营杠杆与经营风险的关系

经营风险是指企业由于生产经营上的原因而导致的资产报酬波动的风险。引起企业经营风险的主要原因是市场需求和生产成本等因素的不确定性。

经营杠杆本身并不是资产报酬不确定的根源，只是资产报酬波动的表现。但是经营杠杆放大了市场和生产等因素变化对利润波动的影响。表明息税前利润受产销量变动的影响程度越大，经营风险也就越大。

(4)经营杠杆系数的变动规律

- 只要固定成本不等于零，经营杠杆系数恒大于1
- 产销量的变动与经营杠杆系数的变动方向相反
- 成本指标的变动与经营杠杆系数的变动方法相同
- 单价的变动与经营杠杆系数的变动方向相反

在同一产销量水平上，经营杠杆系数越大，利润变动幅度越大，风险也就越大。

【例 5-19】 春兰公司生产电器设备，固定成本 6 000 000 元，变动成本率 70%。年产销额 50 000 000 元时，变动成本为 40 000 000 元，固定成本 6 000 000元，息税前利润 12 000 000 元；年产销额 70 000 000 元时，变动成本 55 000 000 元，固定成本仍为 6 000 000 元，息税前利润为 18 000 000 元。

$$DOL=\frac{\Delta EBIT}{EBIT}/\frac{\Delta Q}{Q}=\frac{(18\ 000\ 000-12\ 000\ 000)}{12\ 000\ 000}/\frac{(70\ 000\ 000-50\ 000\ 000)}{50\ 000\ 000}$$

$$=0.5/0.4=1.25$$

49. 财务杠杆系数

财务杠杆系数(DFL)，是指普通股每股税后利润变动率相对于息税前利润变动率的倍数，也叫财务杠杆程度，通常用来反映财务杠杆的大小和作用程度，以及评价企业财务风险的大小。

财务杠杆系数的计算公式为：

$$DFL=\frac{每股收益变动率}{息税前利润变动率}=\frac{\Delta EPS/EPS}{\Delta EBIT/EBIT}$$

式中 DFL——财务杠杆系数；

ΔEPS——普通股每股利润变动额；

EPS——变动前的普通股每股利润；

ΔEBIT——息税前利润变动额；

EBIT——变动前的息税前利润。

为了便于计算，可将上式变换如下：

$$由\ EPS=(EBIT-I)(1-T)/N\ \Delta EPS$$
$$=\Delta EBIT(1-T)/N$$

得
$$DFL=\frac{息税前利润总额}{息税前利润总额-利息}=\frac{EBIT}{EBIT-I}$$

式中：I 为利息；

T 为所得税税率；

N 为流通在外普通股股数。

在有优先股的条件下，由于优先股股利通常也是固定的，但应以税后利润支付，所以此时公式应改写为：

$$DFL=EBIT/[EBIT-I-PD/(1-T)]$$

式中：PD 为优先股股利。

【例 5-20】 春兰公司 2018 年 12 月 31 日发行在外的普通股为10 000 万股（每股面值 1 元），公司债券为 24 000 万元（该债券发行于 2016 年年初，期限 5 年，每年年末付息一次，利息率为 5%），该年息税前利润为 5 000 万元。假定全年没有发生其他应付息债务。

财务杠杆系数＝2018 年的息税前利润÷(2018 年息税前利润－2018 年的利息费用)

＝5 000/(5 000－1 200)＝1.32

50. 总杠杆系数

直接考察营业收入的变化对每股收益的影响程度，即是考察了两种杠杆的共同作用，通常把这两种的连锁作用称为总杠杆作用。

由于固定生产经营成本和固定财务费用的共同存在而导致的每股利润变动率大于产销业务量变动率的杠杆效应。

假设总杠杆系数为 3，则表明销售变动 1 倍，每股收益变动 3 倍。

存在前提：只要企业同时存在固定性经营成本和固定性融资费用的债务或优先股，就存在营业收入较小变动引起每股收益较大变动的总杠杆效应。

总杠杆系数的定义公式为：

$$DTL=\frac{普通股每股收益变动率}{产销量变动率}$$

总杠杆系数的计算公式为：

$$DTL = DOL \times DFL$$

$$=基期边际贡献/基期利润总额$$

$$=\frac{M}{M-F-I}$$

总杠杆系数公式为：

财务杠杆系数×经营杠杆系数

$$DTL=DOL \times DFL$$

凡是影响经营杠杆系数和财务杠杆系数的因素都会影响总杠杆系数，而且影响方向是一致的。

【提示】(1)使公司管理层在一定的成本结构与融资结构下，当营业收入变化时，能够对每股收益的影响程度作出判断，即能够估计出营业收入变动对每股收益造成的影响。

(2)通过经营杠杆与财务杠杆之间的相互关系，有利于管理层对经营风险与财务风险进行管理，即为了控制某一总杠杆系数，经营杠杆和财务杠杆可以有很多不同的组合。

【例 5-21】 某公司目前年销售额 10 000 万元，变动成本率 70%，全部固定成本和费用(利息)为 2 000 万元，普通股股数为 2 000 万股，该公司目前总资产为 5 000 万元，资产负债率 40%，目前的平均负债利息率为 8%，假设所得税率为 40%。该公司拟改变经营计划，追加投资 4 000 万元，预计每年固定成本增加 500 万元，同时可以使销售额增加 20%，并使变动成本率下降至 60%。

该公司以提高每股收益的同时降低总杠杆系数作为改进经营计划的标准。

(1)未改变经营计划前各项指标

目前净利润＝(10 000－10 000×70%－2 000)×(1－40%)
＝600(万元)

每股收益＝600/2 000＝0.30(元/股)

目前负债总额＝5 000×40%＝2 000(万元)

目前每年利息＝2 000×8%＝160(万元)

目前每年固定成本＝2 000－160＝1 840(万元)

息税前利润＝10 000－10 000×70%－1 840＝1 160(万元)

利息保障倍数＝1 160/160＝7.25

经营杠杆系数＝(10 000－10 000×70%)/1 160＝3 000/1 160＝2.59

财务杠杆系数＝1 160/(1 160－160)＝1.16

总杠杆＝2.59×1.16＝3

或：总杠杆＝(10 000－10 000×70%)/(1 160－160)＝3

(2)所需资金以追加股本取得，每股发行价 2 元，计算追加投资后的每股收益、利息保障倍数、经营杠杆、财务杠杆和总杠杆系数，判断应否改变经营计划

增资后的净利润＝[10 000×(1＋20%)×(1－60%)－(2 000＋500)]×(1－40%)＝1 380(万元)

增加的股数＝4 000/2＝2 000(万股)

每股收益＝1 380/(2 000＋2 000)＝0.35(元/股)

息税前利润＝12 000×(1－60%)－(1 840＋500)＝ 2 460(万元)

利息保障倍数＝2 460/160＝15.38

经营杠杆＝[12 000×(1－60%)]/2 460

=4 800/2 460=1.95

财务杠杆=2 460/(2 460-160)=1.07

总杠杆=1.95×1.07=2.09

或:总杠杆=[12 000×(1-60%)]/(2 460-160)=2.09

因为与筹资前相比每股收益提高,总杠杆系数降低,所以应改变经营计划。

51. 证券资产组合的系统风险系数

贝塔系数是衡量系统性风险的一个量化指标。贝塔系数衡量股票收益相对于业绩评价基准收益的总体波动性,是一个相对指标。β越高,意味着股票相对于业绩评价基准的波动性越大。β大于1,则股票的波动性大于业绩评价基准的波动性,反之亦然。如果是负值,则显示其变化的方向与大盘的变化方向相反;大盘涨的时候它跌,大盘跌的时候它涨。

单项资产的系统风险系数计算公式

$$\beta_i=\frac{COV(R_i,R_m)}{Q_m^2}=\frac{\rho_{i,m}\sigma_i\sigma_m}{\sigma_m^2}=\rho_{i,m}\times\frac{\sigma_i}{\sigma_m}$$

式中:$\rho_{i,m}$——第i项资产的收益率与市场组合收益率的相关系数;

σ_i——该项资产收益率的标准差,反映资产风险大小;

σ_m——市场组合收益率的标准差,反映市场组合风险;

$\rho_{i,m}\sigma_i\sigma_m$——表示资产收益率与市场组合收益率的协方差。

$\beta=1$,表示该单项资产的风险收益率与市场组合平均风险收益率呈同比例变化,其风险情况与市场投资组合的风险情况一致;

$\beta>1$,说明该单项资产的风险收益率高于市场组合平均风险收益率,则该单项资产的风险大于整个市场投资组合的风险;

$\beta<1$,说明该单项资产的风险收益率小于市场组合平均风险收益率,

则该单项资产的风险程度小于整个市场投资组合的风险。

对于证券组合来说，其所含的系统风险的大小可以用组合β系数来衡量，证券资产组合的β系数是所有单项资产β系数的加权平均数，权数为各种资产在证券资产组合中所占的价值比例。计算公式为：

$$\beta_P = \sum W_i \times \beta_i$$

式中：β_P——证券资产组合的风险系数；

W_i——第i项资产在组合中所占的价值比重；

β_i——第i项资产的β系数。

【例 5-22】 某证券资产组合中有三只股票，具体资料见表 5-2。

表 5-2

股票	β系数	股票的每股市价(元)	股票的数量
A	0.8	8	500
B	1.2	5	200
C	1.5	10	300

计算 A、B、C 三种股票所占的价值比例

A 股票比例：(8×500)÷(8×500+5×200+10×300)×100%

=(4 000÷8 000)×100%

=50%

B 股票比例：(5×200)÷(8×500+5×200+10×300)×100%

=(1 000÷8 000)×100%

=12.5%

C 股票比例：(10×300)÷(8×500+5×200+10×300)×100%

=(3 000÷8 000)×100%

=37.5%

然后计算加权平均β系数，即为证券资产组合的β系数。

$$\beta = 50\% \times 0.8 + 12.5\% \times 1.2 + 37.5\% \times 1.5$$
$$= 0.4 + 0.15 + 0.5625$$
$$= 1.11$$

52. 名义利率和实际利率

名义利率如果以"年"作为基本计算期，每年计算一次复利，此时的年利率为名义利率(r)。

实际利率是指物价不变，从而货币购买力不变的情况下的利息率。但是物价上涨是世界的一种普遍趋势，因此所谓名义利率是指包括了补偿通货膨胀风险的利率。两者之间的关系如下：

实际利率=(1+名义利率)÷(1+通货膨胀率)−1

在通货膨胀的条件下，市场的各种利率都是名义利率，而实际利率往往不能直接观察到。一般而言，名义利率大于通货膨胀率，两者之差为实际利率。

如果按照短于1年的计息期计算复利(即一年计息多次)，并将全年利息额除以年初的本金，此时得到的利率为实际利率(i)

实际利率(i)与名义利率(r)的换算公式：

$$i = [1 + (r/m)]^m - 1$$

式中：m为一年计息次数。

【例5-23】 某企业向银行借款10 000 000元，借款期3年，年利率为5%，若每半年复利一次，年实际利率会高出名义利率多少？

根据公式 $i = [1 + (r/m)]^m - 1$

$$= [1 + (5\%/2)]^2 - 1$$
$$= 5.06\%$$

53. 证券市场线

资产组合的β系数是所有单项资产β系数的加权平均数，权数为各种资产在资产组合中所占的价值比重。

根据资本资产定价模型，每一证券的期望收益率应等于无风险利率加上该证券由β系数测定的风险溢价：

$$E(r_i)=r_F+[E(r_M)-r_F]\beta_i$$

一方面，当我们获得市场组合的期望收益率的估计和该证券的风险β_i的估计时，我们就能计算市场均衡状态下证券i的期望收益率$E(r_i)$；另一方面，市场对证券在未来所产生的收入流（股息加期末价格）有一个预期值，这个预期值与证券i的期初市场价格及其预期收益率$E(r_i)$之间有如下关系：

$$E(r_i)=\frac{E(\text{股息}+\text{期末价格})}{\text{期初价格}}-1$$

在均衡状态下，上述两个$E(r_i)$应有相同的值。因此，均衡期初价格应定为：

$$\text{均衡的期初价格}=\frac{E(\text{股息}+\text{期末价格})}{1+E(r_i)}$$

于是，我们可以将现行的实际市场价格与均衡的期初价格进行比较。两者不等则说明市场价格被误定，被误定的价格应该有回归的要求。利用这一点，我们便可获得超额收益。具体来讲，当实际价格低于均衡价格时，说明该证券是廉价证券，我们应该购买该证券；相反，我们则应卖出该证券，而将资金转向购买其他廉价证券。

当把公式中的期末价格视作未来现金流的贴现值时，也可以被用来判断证券市场价格是否被误定。

【例 5-24】 A公司今年每股股息为0.50元，预期今后每股股息将以每年10%的速度稳定增长。当前的无风险利率为0.03，市场组合的风险溢价为 0.08，A 公司股票的 β 值为 1.50。那么，A 公司股票当前的合理价格 P_0 是多少？

首先，根据股票现金流估价模型中的不变增长模型，得出 A 公司股票当前的合理价格 P_0 为：

$$P_0 = 0.5 \div (k - 0.1)$$

式中：k 为必要收益率(或风险调整贴现率)。其次，根据证券市场线有：

$$\begin{aligned} k &= r_F + [E(r_m) - r_F]\beta_P \\ &= 0.03 + 0.08 \times 1.50 \\ &= 0.15 \end{aligned}$$

最后，得出 A 公司股票当前的合理价格：

$$\begin{aligned} P_0 &= 0.5 \div (k - 0.1) \\ &= 0.5 \div (0.15 - 0.1) \\ &= 10(\text{元}) \end{aligned}$$

证券市场线表明，β 系数反映证券或组合对市场变化的敏感性，因此，当有很大把握预测牛市到来时，应选择那些高 β 系数的证券或组合。这些高 β 系数的证券将成倍地放大市场收益率，带来较高的收益。相反，在熊市到来之际，应选择那些低 β 系数的证券或组合，以减少因市场下跌而造成的损失。

54. 风险收益率

风险收益率计算公式如下：

某项资产的风险收益率＝该项资产的 β 系数×$(R_m - R_f)$

市场组合的 β 系数＝1，市场组合的风险收益率＝$(R_m - R_f)$，因此，某项资产的 β 系数＝该项资产的风险收益率÷市场组合的风险收益率。

单项资产的 β 系数＝该项资产收益率与市场组合收益率的协方差÷市场组合收益率的方差。

β系数仅衡量系统风险，并不衡量非系统风险，当β系数为 0 时，表明该资产没有系统风险，但不能说明该资产没有非系统风险。

【例 5-25】 某公司普通股β系数为 1.5，此时一年期国债利率 5%，市场平均报酬率 15%，则该普通股风险收益率为：

风险收益率＝1.5×(15%－5%)＝15%

55. 标准离差

标准离差公式离不开方差，方差是用来表示随机变量与期望值之间的离散程度的一个数值。计算公式为：

$$\sigma^2 = \sum_{i=1}^{n}(x_i - E)^2 \times \rho_i$$

标准离差也叫均方差，是方差的平方根。计算公式为：

$$\sigma = \sqrt{\sum_{i=1}^{n}(x_i - \overline{E})^2 \times \rho_i}$$

【例 5-26】 荆城企业有 A、B 两个投资项目，两个投资项目的收益率及其概率分布情况，见表 5-3。

表 5-3

项目实施情况	该种情况出现的概率		投资收益率	
	项目 A	项目 B	项目 A	项目 B
好	0.2	0.3	15%	20%
一般	0.6	0.4	10%	15%
差	0.2	0.3	0	－10%

项目 A 的方差 $= \sum_{i=1}^{n}(x_i - E)^2 \times \rho_i$

$\sigma^2 = 0.2\times(0.15-0.09)^2+0.6\times(0.1-0.09)^2+0.2\times(0-0.09)^2$

$= 0.0024$

项目 A 的标准离差

$$\sigma = \sqrt{\sum_{i=1}^{n}(x_i - \overline{E})^2 \times \rho_i}$$
$$= \sqrt{0.0024}$$
$$= 0.049$$

项目 B 的方差 $\sigma^2 = \sum_{i=1}^{n}(x_i - E)^2 \times \rho_i$

$= 0.3 \times (0.2 - 0.09)^2 + 0.4 \times (0.15 - 0.09)^2 + 0.3 \times (-0.1 - 0.09)^2 = 0.015\ 9$

项目 B 的标准离差 $\sigma = \sqrt{\sum_{i=1}^{n}(x_i - \overline{E})^2 \cdot \rho_i} = \sqrt{0.015\ 9}$

$= 0.126$

结果表明项目 B 风险要高于项目 A 的风险。

56. 证券投资组合

证券投资组合的风险可用证券投资组合期望收益率的方差、标准差、协方差和相关系数来表示。其基本公式分别为：

$$\sigma_P^2 = W_1^2\sigma_1^2 + W_2^2\sigma_2^2 + W_1W_2\rho_{1,2}\sigma_1\sigma_2$$

式中：σ^2 表示证券资产组合的标准差，$\sigma_1\sigma_2$ 分别表示组合中两项资产的标准差；W_1 和 W_2 分别表示组合中两项资产所占的比例；$\rho_{1,2}$ 反映两项资产收益率的相关程度，称为相关系数。理论上，相关系数介于[−1，1]内。

【例 5-27】 已知证券组合 P 是由证券 A 和 B 构成，证券 A 和 B 的期望收益、标准差以及相关系数，见表 5-4。

表 5-4

证券名称	期望收益率	标准差	相关系数	投资比重
A	10%	6%	0.12	30%
B	5%	2%		70%

那么，组合 P 的期望收益为：

$E(r_P)=(0.10\times0.30+0.05\times0.70)\times100\%=6.5\%$

组合 P 的方差为：

$\sigma_p^2=0.30^2\times0.06^2+0.70^2\times0.02^2+2\times0.30\times0.70\times0.06\times0.02\times0.12$
$=0.0327$

选择不同的组合权数，可以得到包含证券 A 和证券 B 的不同的证券组合，从而得到不同的期望收益率和方差。投资者可以根据自己对收益率和方差（风险）的偏好，选择自己最满意的组合。

57. 股票价格指数

股票价格指数是运用统计学中的指数方法编制而成的，反映股市中总体价格或某类股价变动和走势的指标。计算公式如下：

股票价格指数＝计算期样本市价总值÷基期市价总值×基期指数

它是表明股票市场价格水平变动的相对数。

股票价格指数的几种计算方法包括简单算术平均法（相对法）、简单算术综合法和加权法。

先计算采样股票的个别股价指数，然后再采用算术平均法计算其平均值。

$$股价指数=(P_1+P_2+P_3\cdots+P_n)/n$$

【例 5-28】 假设从某一股市采样的股票为 A、B、C、D 四种，在某一交易日的收盘价分别为 20 元、18 元、43 元和 36 元，计算该市场股价平均数。将上述数置入公式中，即得：

$$\begin{aligned}股价平均数&=(P_1+P_2+P_3+P_4)/n\\&=(20+18+43+36)/4\\&=29.25(元)\end{aligned}$$

简单算术股价平均数虽然计算较简便，但它有两个缺点：一是它未考虑各种样本股票的权数，从而不能区分重要性不同的样本股票对股价平均数的不同影响；二是当样本股票发生股票分割派发红股、增资等情况时，股价平均数会产生断层而失去连续性，使时间序列前后的比较发生困难。例如，上述 D 股票发生以 1 股分割为 3 股时，股价势必从 36 元下调为 12 元，这时平均数就不是按上面计算得出的 29.25 元，而是(20+18+

43＋12)/4＝23.25(元)。这就是说，由于D股分割技术上的变化，导致股价平均数从29.25元下跌为23.25元(这还未考虑其他影响股价变动的因素)，显然不符合平均数作为反映股价变动指标的要求。

(1)修正的股价平均数

修正的股价平均数有两种：

一是除数修正法，又称道式修正法。这是美国道·琼斯在1928年创造的一种计算股价平均数的方法。该法的核心是求出一个常数除数，以修正因股票分割、增资、发放红股等因素造成股价平均数的变化，以保持股份平均数的连续性和可比性。具体做法是以新股价总额除以旧股价平均数，求出新的除数，再以计算期的股价总额除以新除数，这就得出修正的股价平均数。即：

新除数＝变动后的新股价总额/旧的股价平均数

修正的股价平均数＝报告期股价总额/新除数

在前面的例子除数是4，经调整后的新的除数应是：

新的除数＝(10＋16＋24＋10)/20＝3，将新的除数代入下列式中，则：

修正的股价平均数＝(10＋16＋24＋10)/3＝20(元)，得出的平均数与未分割时计算的一样，股价水平也不会因股票分割而变动。

二是股价修正法，就是将股票分割，变动后的股价还原为变动前的股价，使股价平均数不会因此变动。美国《纽约时报》编制的500种股价平均数就采用股价修正法来计算股价平均数。

(2)加权股价平均数折叠

加权股价平均数是根据各种样本股票的相对重要性进行加权平均计算的股价平均数，其权数(Q)可以是成交股数、股票总市值、股票发行量等。

58. 上市股票市价总额

上市股票市价总额是指某一时期内，在证券交易所上市的股票按市场价格(收盘价)与其发行量计算出的总金额。

$$上市股票市价总额 = \sum(股票发行量 \times 相应市场价格)$$

【例 5-29】 某日上市交易的成交价分别为 8 元、10 元、11 元和 20 元，其发行数量分别为 1 亿股、2 亿股、3 亿股和 4 亿股，其市价总额为：

$(10\times1+16\times2+24\times3+30\times4)=234$（亿元）

上市股票市价总额是股票市场中各类相关信息综合反映的结果，是描述股票市场规模大小的重要指标。市价总额大，反映出股票成交的数量大或成交价上升；市价总额小则反映相反的情况。

59. 股票估价模型

如何确定普通股的内在价值？根据证券分析，股票估值可以分为两种基本方法：

一是内在价值法，又称绝对价值法或收益贴现模型，是按照未来现金流的贴现对公司的内在价值评估的方法。

二是相对价值法，它是采用相对评价指标进行比较的方法，对公司价值进行判断。

（1）普通股估值的基本模型

普通股估值的基本模型，见表 5-5。

表 5-5 普通股估值的基本模型

<table>
<tr><td rowspan="7">内在价值法
（收益贴现模型）</td><td rowspan="6">现金流贴现模型</td><td rowspan="4">股利折现模型</td><td>零增长模型</td></tr>
<tr><td>不变增长模型</td></tr>
<tr><td>三阶段红利贴现模型</td></tr>
<tr><td>多元增长模型</td></tr>
<tr><td rowspan="2">自由现金流贴现模型</td><td>公司自由现金流贴现模型</td></tr>
<tr><td>股权资本自由现金流贴现模型</td></tr>
<tr><td>超额收益贴现模型</td><td colspan="2">经济收益附加值（EVA）估值模型</td></tr>
<tr><td rowspan="5">相对价值法
（乘数估值模型）</td><td colspan="3">市盈率模型</td></tr>
<tr><td colspan="3">市净率模型</td></tr>
<tr><td colspan="3">企业价值倍数</td></tr>
<tr><td colspan="3">市现率模型</td></tr>
<tr><td colspan="3">市销率模型</td></tr>
</table>

（2）股利贴现模型

证券的内在价值是该资产预期现金流的现值。若假定股息是投资者在正常条件下投资股票所直接获得的唯一现金流，则就可以建立估价模型对普通股进行估值，这就是著名的股利贴现模型(DDM，Dividend Discount Model)。

【例 5-30】 某公司目前股息为每股 1 元，预期前 5 年股息每年增长 12%，5 年后预期股息的固定增长率为 6%，投资者的预期收益率为 10%。问该股票的内在价值是多少？

$D_5=1\times(1+12\%)^5=1.76$(元)

$$V=\sum_{t=1}^{5}\frac{1\times(1+12\%)^t}{(1+10\%)^t}+\frac{1.76\times(1+6\%)}{10\%-6\%}\times\frac{1}{(1+10\%)^5}$$

$=5.26+46.64\times0.621=34.22$(元)

60. 税后债务成本

由于利息可从应税收入中扣除，因此负债的税后成本是税率的函数。利息的抵税作用使得负债的税后成本低于税前成本。

税后债务成本＝税前债务成本×(1－所得税率)

由于所得税的作用，债权人要求的收益率不等于公司的税后债务成本。因为利息可以免税，政府实际上支付了部分债务成本，所以公司的债务成本小于债权人要求的收益率。

优先股成本的估计方法与债务成本类似，不同的只是其股利在税后支付，没有“政府补贴”，其资本成本会高于债务。

【例 5-31】 某公司现有优先股的情况如下：面值 100 元，股息率 10%，每年付息一次，其当前的市价为 110 元，如果新发行优先股，需要承担每股 2 元的发行成本。要求计算优先股的资本成本。

资本成本＝(100×10%)/(110－2)＝9.26%

61. 加权平均资本成本

加权平均资本成本是指多元化融资方式下的综合资本成本，反映着企业资本成本整体水平的高低。企业平均资本成本，是以各项个别资本在企业总资本中的比重为权数，对个别资本成本率进行加权平均而得到的总资本成本率。

加权资金成本计算公式为：

$$K_w = \sum_{i=1}^{n} K_j W_j$$

式中：K_w——加权平均资本成本；

K_j——第 j 种个别资本成本；

W_j——第 j 种个别资本占全部资本的比重(权数)。

【例 5-32】 C公司正在研究一项生产能力扩张计划的可行性，需要对资本成本进行估计。估计资本成本的有关资料如下：

(1)公司现有长期负债：面值 1 000 元，票面利率 12%，每半年付息一次的不可赎回债券；该债券还有 5 年到期，当前市价 1 051.19 元；假设新发行长期债券时采用私募方式，不用考虑发行成本。

(2)公司现有优先股：面值 100 元，股息率 10%，每季付息的永久性优先股。其当前市价 116.79 元。如果新发行优先股，需要承担每股 2 元的发行成本。

(3)公司现有普通股：当前市价 50 元，最近一次支付的股利为 4.19 元/股，预期股利的永续增长率为 5%，该股票的贝塔系数为 1.2。公司不准备发行新的普通股。

(4)资本市场：国债收益率为 7%；市场平均风险溢价估计为 6%。

(5)公司所得税税率：40%。

要求：

①计算债券的税后资本成本；

②计算优先股资本成本；

③计算普通股资本成本：用资本资产定价模型和股利增长模型两种方法估计，以两者的平均值作为普通股资本成本；

④假设目标资本结构是 30%的长期债券、10%的优先股、60%的普通股，根据以上计算得出的长期债券资本成本、优先股资本成本和普通股

资本成本估计公司的加权平均资本成本。

①$1\,000\times6\%\times(P/A,K_{半},10)+1\,000\times(P/F,K_{半},10)=1\,051.19$

$60\times(P/A,K_{半},10)+1\,000\times(P/F,K_{半},10)=1\,051.19$

设 $K_{半}=5\%$，即 $60\times7.721\,7+1\,000\times0.613\,9=1\,077.20$

设 $K_{半}=6\%$，即 $60\times7.360\,1+1\,000\times0.558\,4=1\,000$

$(K_{半}-5\%)/(6\%-5\%)=(1\,051.19-1\,077.2)/(1\,000-1\,077.2)$

$K_{半}=5.34\%$

债券的年有效到期收益率$=(1+5.34\%)^2-1=10.97\%$

债券的税后资本成本$=10.97\%\times(1-40\%)=6.58\%$

②$100\times10\%=10$（元），季度股利$=\frac{10}{4}=2.5$（元）

季优先股成本$=\frac{2.5}{116.79-2}=2.18\%$

年优先股成本$=(1+2.18\%)^4-1=9.01\%$

③$K_{普}=\frac{4.19}{50}+5\%=13.80\%$

$K_{普}=7\%+1.2\times6\%=14.2\%$

平均股票成本$=(13.80\%+14.2\%)\div2=14\%$

④加权平均资本成本$=6.58\%\times30\%+9.01\%\times10\%+14\%\times60\%=11.28\%$

62. 溢价和折价的摊销

1. 折价摊销与溢价摊销期末摊余成本的计算

(1)折价时期末摊余成本公式

期末摊余成本＝期初摊余成本＋本期持有至到期投资利息调整的金额

本期持有至到期投资利息调整的金额＝期初摊余成本×实际利率

(2)溢价时期末摊余成本公式

期末摊余成本＝期初摊余成本－本期持有至到期投资利息调整的金额

本期持有至到期投资利息调整的金额＝期初摊余成本×实际利率

2. 一次还本付息与每次付息最后一次还本公式

(1)一次还本付息债券的摊余成本＝期初摊余成本＋实际利息费用(期初摊余成本×实际利率)－收回已偿还的本金

(2)分期付息应付债券摊余成本＝期末摊余成本－期初摊余成本＋实际利息费用(期初摊余成本×实际利率)－应付利息(票面值×票面利率)－收回已偿还的本金

【例 5-33】 昌隆公司于 2014 年 1 月 1 日发行 5 年期债券，面值 4 000 000元，票面利率为 12%，假定市场利率为 10%。债券利息每年 12 月 31 日支付。

昌隆公司发行该批债券的实际发行价格＝4 000 000×(*P*/*S*,10%,5)＋4 000 000×12%×(*P*/*A*,10%,5)

＝4 000 000×0.620 9＋480 000×3.790 8

＝2 483 600＋1 819 584

＝4 303 184(元)

根据上述资料，昌隆公司采用实际利率法和摊余成本计算确定的利息费用，见表 5-6。

表 5-6 单位:元

日期	现金流出 (a)	实际利息费用 (b)＝期初(d)×10%	已偿还的本金 (c)＝(a)－(b)	摊余成本余额 (d)＝期初(d)－(c)
2014 年 1 月 1 日				4 303 184
2014 年 12 月 31 日	480 000	430 318.4	49 681.6	4 253 502.4

续上表

日　期	现金流出 (a)	实际利息费用 (b)＝期初(d)×10%	已偿还的本金 (c)＝(a)－(b)	摊余成本余额 (d)＝期初(d)－(c)
2015年12月31日	480 000	425 350.24	54 649.76	4 198 852.64
2016年12月31日	480 000	419 885.26	60 114.74	4 138 737.90
2017年12月31日	480 000	413 873.79	66 126.21	4 072 611.69
2018年12月31日	480 000	407 388.31*	72 611.69*	4 000 000
小　计	2 400 000	2 096 816	303 184	4 000 000
2018年12月31日	4 000 000	—	4 000 000	0
合　计	6 400 000	2 096 816	4 303 184	—

63. 净现值

净现值(Net Present Value)是一项投资所产生的未来现金流的折现值与项目投资成本之间的差值。净现值法是评价投资方案的一种方法。该方法利用净现金效益量的总现值与净现金投资量算出净现值，然后根据净现值的大小来评价投资方案。净现值为正值，投资方案是可以接受的；净现值是负值，投资方案就是不可接受的。净现值越大，投资方案越好。净现值法是一种较科学也较简便的投资方案评价方法。净现值的计算公式如下：

净现值(NPV)＝未来现金净流量现值－原始投资额现值

(1)采用净现值法评价投资方案，一般有以下步骤：

①测定投资方案每年的现金流量，包括现金流出量和现金流入量；

②设定投资方案采用的贴现率。

(2)确定贴现率的参考标准如下：

①以市场利率为标准；

②以投资者希望获得的预期最低投资报酬为标准；

③以企业平均资本成本率为标准。

建设投资一次性支出

1.初始投资一次性支出，年净现金流量相等，则

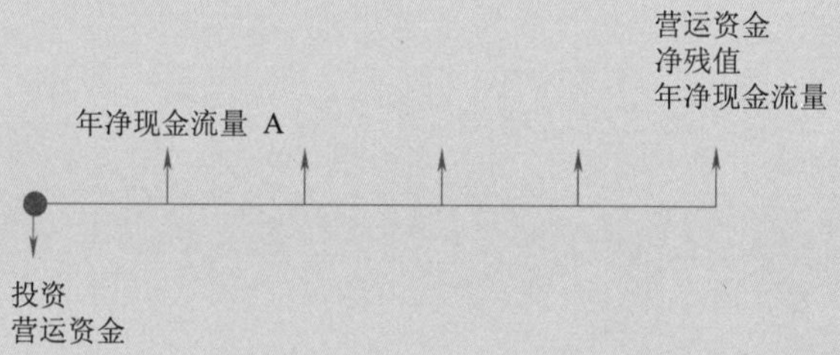

净现值(NPV)=年净现金流量×年现金值系数+（净残值+营运资金）×复利现值系数-初始投资额

即：$净现值(NPV)=年净现金流量\times\frac{1-(1+i)^{-n}}{i}+（净残值+运营资金）\times(1+i)^{-n}-初始投资额$

2.初始投资一次性支出，年净现金流量不相等，则

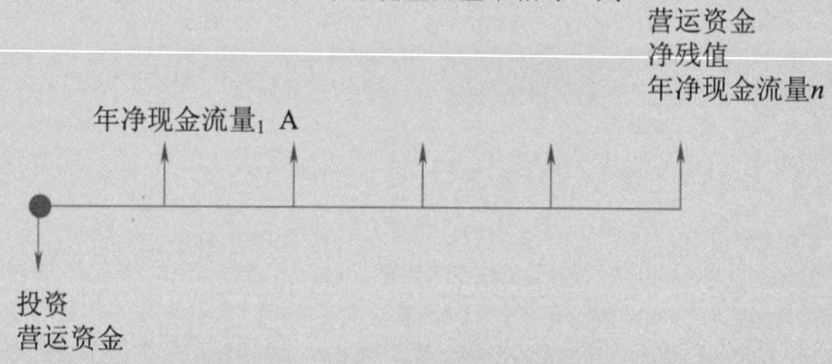

净现值(NPV)=Σ年净现金流量×复利现值系数+（净残值+营运资金）×复利现值系数-初始投资额

即：$净现值(NPV)=\sum_{t-1}^{n}年净现金流量\times(1+i)^{-i}+（净残值+营运资金）\times(1+i)^{-n}-初始投资额$

3.初始投资分几次支出，年净现金流量相等，则

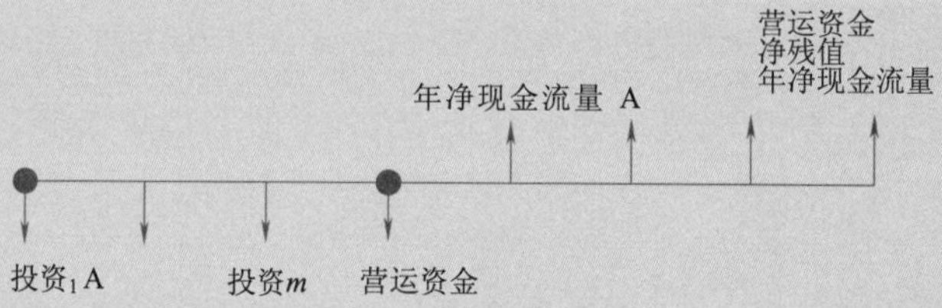

净现值(NPV)＝年净现金流量×年金现值系数×复利现值系数＋（净残值＋营运资金）×复利现值系数－（Σ投资额×复利现值系数＋营运资金×复利现值系数）

即：$净现值(NPV)=年净现金流量\times\frac{1-(1+i)^{-n}}{i}\times(1+i)^{-m}+（净残值+营运资金\times(1+i)^{-(-W+m)}-\left[\sum_{w-1}^{m}初始投资额\times(1+i)^{-(-W-1)}+营运资金\times(1+i)^{-m}\right]$

初始投资分几次支出

4.初始投资分几次支出，年净现金流量不相等，则

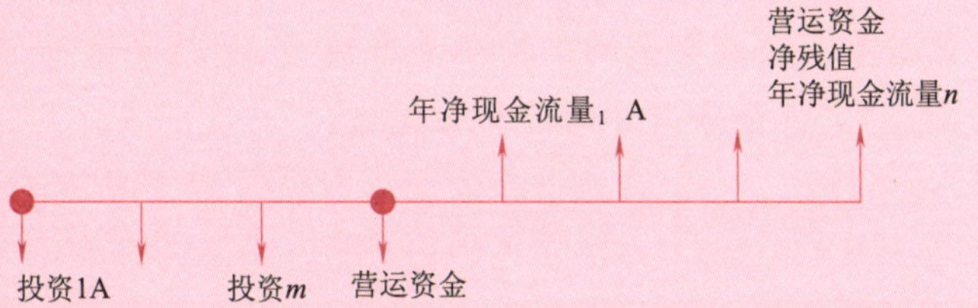

净现值(NPV)＝（∑年净现金流量×复利现值系数）×复利现值系数＋（净残值＋营运资金）×复利现值系数－（∑投资额×复利现值系数＋营运资金×复利现值系数）

即：净现值(NPV)＝$\left[\sum_{w-1}^{w}\text{年净现金流量}\times(1+i)^{-w}\right]\times(1+i)^{-m}+(\text{净残值}+\text{营运资金})\times(1+i)^{-(-w+m)}-\left[\sum_{w-1}^{w}\text{投资额}\times(1+i)^{-(w-1)}+\text{营运资金}\times(1+i)^{-m}\right]$

图 5-12　现金综合流量图

【例 5-34】 甲公司正考虑一项新设备投资项目，该项目初始投资为 40 000 元，每年的税前现金流见表 5-7。假设该项目基准折现率为 8%。

表 5-7 单位：元

项目计算期	建设期	经营期				
	0	第 1 年	第 2 年	第 3 年	第 4 年	第 5 年
所得税前净现金流量	－40 000	10 000	12 000	15 000	10 000	7 000
8%的复利现值系数	1	0.925 9	0.857 3	0.793 8	0.735 0	0.680 6
折现的净现金流量	－40 000	9259	10 287.6	11 907	7 350	4 764.2

NPV＝9 259＋10 287.6＋11 907＋7 350＋4 764.2－40 000＝3 567.8(元)

由于净现值大于零，所以项目可行。

64. 年金净流量

投资项目的未来现金净流量与原始投资额的差额，构成该项

目的现金流量总额。项目期间内全部现金流量总额现值或总终值折算为等额年金的平均现金净流量，称为年金净流量(Annual NCF)。年金净流量的计算公式为：

$$年金净流量=\frac{现金净流量总现值}{年金现值系数}=\frac{现金净流量总终值}{年金终值系数}$$

与净现值一样，年金净流量指标的结果大于零，说明每年平均的现金流入能抵补现金流出，投资项目的净现值(或净终值)大于零，方案的报酬率大于所要求的报酬率，方案可行。在两个以上寿命期不同的投资方案比较时，年金净流量越大，方案越好。

【例 5-35】 甲、乙两个投资方案，甲方案需一次性投资 10 000 元，可用 8 年，残值 2 000 元，每年取得净利润 3 500 元；乙方案需一次性投资 10 000 元，可用 5 年，无残值，第一年获利 3 000 元，以后每年递增 10%。如果资本成本率为 10%，应采用哪种方案？

两项目使用年限不同，净现值是不可比的，应考虑它们的年金净流量。由于：

甲方案每年 NCF=3 500+(10 000−2 000)/8=4 500(元)

乙方案各年 NCF：

第一年=3 000+10 000/5=5 000(元)

第二年=3 000(1+10%)+10 000/5=5 300(元)

第三年=$3\ 000(1+10\%)^2+10\ 000/5=5\ 630$(元)

第四年=$3\ 000(1+10\%)^3+10\ 000/5=5\ 993$(元)

第五年=$3\ 000(1+10\%)^4+10\ 000/5=6\ 392.30$(元)

甲方案净现值=4 500×5.335+2 000×0.467−10 000=14 941.50(元)

乙方案净现值=5 000×0.909+5 300×0.826+5 630×0.753+5 993×0.683+6 392.30×0.621+10 000
=11 213.77(元)

$$甲方案年金净流量=\frac{14\ 941.56}{(P/A,10\%,8)}=2\ 801(元)$$

$$乙方案年金净流量=\frac{11\ 213.77}{(P/A,10\%,5)}=2\ 958(元)$$

65. 现值指数

现值指数(Present Value Index,简称PVI)是投资项目的未来现金净流量现值与原始投资额现值之比,计算公式为:

$$现值指数=\frac{未来现金净流量现值}{原始投资额现值}$$

若现值指数大于或等于1,方案可行,说明方案实施后的投资报酬率高于或等于预期报酬率;若现值指数小于1,方案不可行,说明方案实施后的投资报酬率低于预期报酬率。现值指数越大,方案越好。

【例5-36】 甲乙两个独立投资方案,有关资料见表5-8。

表5-8　　净现值计算表　　单位:元

项　目	方案A	方案B
原始投资额现值	30 000	3 000
未来现金净流量现值	31 500	4 200
净现值	1 500	1 200

$$甲方案现值指数=\frac{31\ 500}{30\ 000}=1.05$$

$$乙方案现值指数=\frac{4\ 200}{3\ 000}=1.40$$

乙方案的现值指数大于甲方案,应当选择乙方案。

66. 内含报酬率

内含报酬率(Internal Rate of Return),是指对投资方案未来的每年现金净流量进行贴现,使所得的现值恰好与原始投资额现值相等,从而使净现值等于零时的贴现率。

未来每年现金净流量×年金现值系数－原始投资额现值＝0

内含报酬率法是根据方案本身内含报酬率来评价方案优劣的一种方法。内含报酬率大于资金成本率则方案可行，且内含报酬率越高方案越优。

【例 5-37】 甲投资方案，当折现率为 15%时，其净现值为 45 元，当折现率为 17%时，其净现值为－20 元。该方案的内含报酬率为内含报酬率是使净现值为 0 时的折现率。

根据(15%－r)/(17%－15%)＝(45－0)/(－20－45)

可知，内含报酬率＝16.38%。

(1)未来每年现金净流量相等时

每年现金净流量相等是一种年金形式，通过年金现值系数表，可计算出未来现金净流量现值，并令其净现值为零，计算公式为：

未来每年现金净流量×年金现值系数－原始投资额现值＝0

【例 5-38】 新峰化工厂拟购入一台新型设备，购价为 160 万元，使用年限 10 元，无残值。该方案的最低投资报酬率要求为 12%。使用新设备后，估计每年产生现金净流量 30 万元。要求：用内含报酬率指示评价该方案是否可行?

令：300 000×年金现值系数－1 600 000＝0

年金现值系数＝5.333 3

方案的使用年限为 10 年，查年金现值系数表可查得：时期 10，系数 5.333 3 所对应的贴现率在 12%～14%之间。采用插值法求得，该方案的内含报酬率为 13.46%，高于最低投资报酬率 12%，方案可行。

(2)未来每年现值净流量不相等时

如果投资方案的未来每年现金净流量不相等，各年现金净流量的分布就不是年金形式，不能采用直接查年金现值系数表的方法来计算内含报酬率，而需采用逐次测试法。

【例 5-39】 佳兴公司有一投资方案，需一次性投资 120 000 元，使用年限为 4 年，每年现金净流量分别为：30 000 元、40 000 元、50 000 元、35 000 元。要求：计算该投资方案的内含报酬率，并据以评价该方案是否可行。见表 5-9。

表 5-9　　　　　　　　　　　净现值的逐次测试

年份	每年现金净流量	第一次测算 8%		第二次测算 12%		第三次测算 10%	
1	30 000	0.926	27 780	0.893	26 790	0.909	27 270
2	40 000	0.857	34 280	0.797	31 880	0.826	33 040
3	50 000	0.794	39 700	0.712	35 600	0.751	37 550
4	35 000	0.735	25 725	0.636	22 260	0.683	23 905
未来现金净流量现值合计			127 485		116 530		121 765
减:原始投资额现值			120 000		120 000		120 000
净现值			7 485		3 470		1 765

第一次测算,采用折现率 8%,净现值为正数,说明方案内含报酬率高于 8%。第二次测算,采用折现率 12%,净现值为负数,说明方案的内含报酬率低于 12%。第三次测算,采用折现率 10%,净现值仍为正数,但已较接近于零。因而可以估算,方案的内含报酬率在 10%～12%之间。进一步运用插值法,得出方案的内含报酬率为 10.67%。

67. 静态投资回收期法

静态回收期没有考虑货币的时间价值,直接用未来现金净流量累计到原始投资数额时所经历的时间作为回收期。

(1)未来每年现金净流量值相等时。

其计算公式为:

$$静态回收期=\frac{原始投资额}{每年现金净流量}$$

【例 5-40】 麦锡工厂准备从甲、乙两种机床中选购一种,甲机床购价为 35 000 元,投入使用后,每年现金净流量为 7 000 元;乙机床购价为 36 000元,投入使用后,每年现金流量为 8 000 元。要求:用回收期指标决策应该选择哪种机床。

$$甲机床回收期=\frac{35\ 000}{7\ 000}=5(年)$$

$$乙机床回收期=\frac{36\ 000}{8\ 000}=4.5(年)$$

乙机床的回收期比甲机床短,该工厂应选择乙机床。

(2)未来每年现金流量不相等时

在这种情况下，应把未来每年的现金净流量逐年加总，根据累计现金流量来确定回收期。

【例 5-41】 启迪公司有一投资项目，需要投资 150 000 元，使用年限为 5 年，每年的现金流量不相等，资本成本率为 5%，有关资料见表 5-10。

表 5-10 **项目现金流量表** 单位：元

年份	现金净流量	累计净流量	净流量现值	累计现值
1	30 000	30 000	28 560	28 560
2	35 000	65 000	31 745	60 305
3	60 000	125 000	51 840	112 145
4	50 000	175 000	41 150	153 295
5	40 000	215 000	31 360	184 655

从表 5-10 的累计现金净现金流量栏中可见，该投资项目的回收期在第 3 年与第 4 年之间。则：

$$\text{项目回收期}=3+\frac{150\ 000-125\ 000}{50\ 000}=3.5(\text{年})$$

68. 动态投资回收期法

动态回收期需要将投资引起的未来现金净流量进行贴现，以未来现金净流量的现值等于原始投资额现值时所经历的时间为回收期。

(1)未来每年现金净流量相等时

在这种年金形式下，假定经历几年所取得的未来现金净流量的年金现值系数为$(P/A,i,n)$，计算公式为：

$$(P/A,i,n)=\frac{\text{原始投资现值}}{\text{每年现金净流量}}$$

计算出年金现值后，通过查年金现值系数表，利用插值法，即可推算出回收期 n。

【例 5-42】 接上例，假定资产成本率为 9%，查表得知 $i=9\%$时，第 6 年年金现值系数为 4.486，第 7 年年金现值系数为 5.033。由于甲机床的年金现值系数为 5，乙机床的年金现值数为 4.5，利用插值法，可得甲机床 $n=6.94$，乙机床 $n=6.03$ 年。

(2)未来每年现金净流量不相等时

在这种情况下，应把每年的现金净流量逐一贴现加总，根据累计现金流量现值确定回收期。

【例 5-43】 接上例，启迪公司投资项目的动态回收期为：

$$项目回收期=3+\frac{150\ 000-112\ 145}{41\ 150}=3.92(年)$$

69. 年金成本

年金成本可在特定条件下（无所得税因素、每年营运成本 相等），计算公式为：

$$年金成本=\frac{\sum 各项目现金净流出现值}{年金现值系数}$$

$$=\frac{\left(\begin{matrix}原始投\\资额\end{matrix}-\begin{matrix}残值\\收入\end{matrix}\right)\times 一般现值系数+\sum\begin{pmatrix}年营运\\成本现值\end{pmatrix}}{年金现值系数}$$

$$=\frac{原始投资额-残值收入}{年金现值系数}+残值收入\times 贴现率+\frac{\sum(年营运成本现值)}{年金现值系数}$$

【例 5-44】 立新公司现有旧设备一台，由于节能减排的需要，准备予以更新。当期贴现率为 15%，假设不考虑所得税因素的影响，相关资料见表 5-11。

表 5-11

参　　数	旧设备	新设备
原　　价(元)	35 000	36 000
预计使用年限	10 年	10 年
已经使用年限	4 年	0 年
税法残值(元)	5 000	4 000
最终报废残值(元)	3 500	4 200
目前变现价值(元)	10 000	36 000
每年折旧费(直线法)(元)	3 000	3 200
每年营运成本(元)	10 500	8 000

$$旧设备年金成本=\frac{10\ 000-3\ 500\times(P/F,15\%,6)}{(P/A,15\%,6)}+10\ 500$$

$$=12\ 742.76(元)$$

$$新设备年金成本=\frac{36\ 000-4\ 200\times(P/F,15\%,10)}{(P/F,15\%,10)}+8\ 000$$

$$=14\ 965.92(元)$$

以上计算结果显示，继续使用旧设备的年金成本为 12 742.76 元，低于购买新设备的年金成本 14 965.92 元，每年可以节约 2 223.16 元，应当继续使用旧设备。

70. 债券估价基本模型

典型的债券是有固定利率、每年计算并支付利息、到期归还本金这几个要素。

债券价值=未来每期利息的现值+到期本金现值

$$V_b=\sum_{t=1}^{n}\frac{I_t}{(1+t)^t}+\frac{M}{(1+i)^n}$$

式中：V_b表示债券的价值，I_t 表示债券各期的利息，M 表示债券的面值，i 表示债券价值评估时所采用的贴现率即所期望的最低投资报酬率。

【例 5-45】 某企业发行的债券面值为 1 000 元，偿还期为 20 年，票面利率为 10%。计算在市场利率分别为 8%、10%和 12%三种情况下的债券内在价值。

(1)当市场利率为 8%时

$$V_b=1\ 000\times8\%\times(P/A,10\%,20)+1\ 000\times(P/F,10\%,20)$$
$$=830.12(元)$$

$$V_b=1\ 000\times10\%\times(P/A,10\%,20)+1\ 000\times(P/F,10\%,20)=1\ 000(元)$$

$$V_b=1\ 000\times12\%+1\ 000(P/F,10\%,20)$$
$$=1\ 170.68(元)$$

影响债券价值大小的因素有必要收益率、到期时间、利息支付频率和计息方式等。

(1)必要收益率对债券估价的影响

债券价值与必要收益率有着密切的关系。我们发现,折现率越小,债券价值越大。另外,当同等风险投资的必要收益率高于票面利率时,债券价值低于票面价值;当同等风险投资的必要收益率等于票面利率时,债券价值等于票面价值;当同等风险投资的必要收益率低于票面利率时,债券价值高于票面价值。

(2)到期时间对债券估价的影响

债券价值会随着到期日的临近,价值逐渐升高,向票面价值靠拢;在到期日,债券价值等于票面价值。

到期时间对债券估价的影响,如图 5-13 所示。

(3)利息支付频率对债券估价的影响

一年内付息频率越高,债券价值越小。

(4)计息方式对债券价值的影响

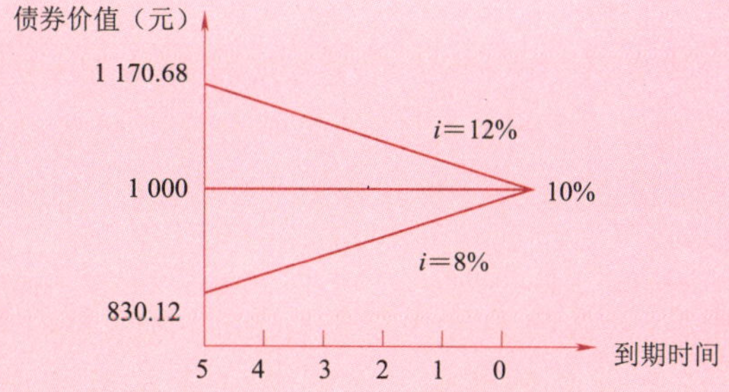

图 5-13　债券估价与到期时间关系图

【例 5-46】 某公司 2017 年 1 月 1 日发行面值为 1 000 元,票面利率为 10%的 5 年期债券一次还本付息,复利计息,一年复利一次。假设2019年 1 月 1 日投资者准备购买,折现率为 12%,价格为 950 元,问投资者是否应该购买?

分析此题,需要计算该债券在 2019 年 1 月 1 日的价值,然后与 950 元进行比较,如果债券在 2019 年 1 月 1 日的价值大于 950 元,则投资者购买该债券的预期收益率大于必要收益率 12%，投资者应购买，反之投资者不应购买。

该债券所涉及的现金流量如图 5-14 所示，则该债券的价值为：

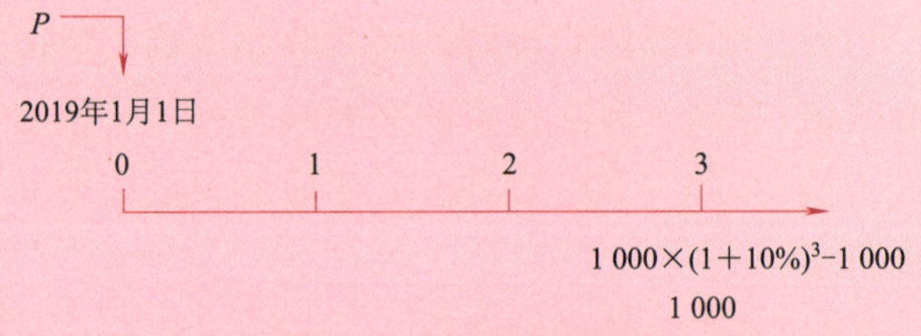

图 5-14　现金流量分布图

$$PV=\frac{I_1+I_2+I_3+M}{(1+i)^3}$$
$$=1\,000\times(F/P,10\%,3)\times(P/F,12\%,3)$$
$$=1\,000\times1.3310\times0.7118$$
$$=947.41(\text{元})$$

因为债券价值 947.41 元低于现时债券价格 950 元，所以不应该购买。

【例 5-47】 某公司 2017 年 1 月 1 日发行面值为 1 000 元，票面利率为 10%的 5 年期债券，一次还本付息，单利计息。假设 2019 年 1 月 1 日投资者准备购买，折现率为 12%，价格为 950 元，问投资者是否应该购买？

值得注意的是，计算债券价值都要用复利，债券利息支付方式是单利还是复利，只影响到利息的数额。本例题中债券所涉及的现金流量如图 5-15所示，则该债券的价值为：

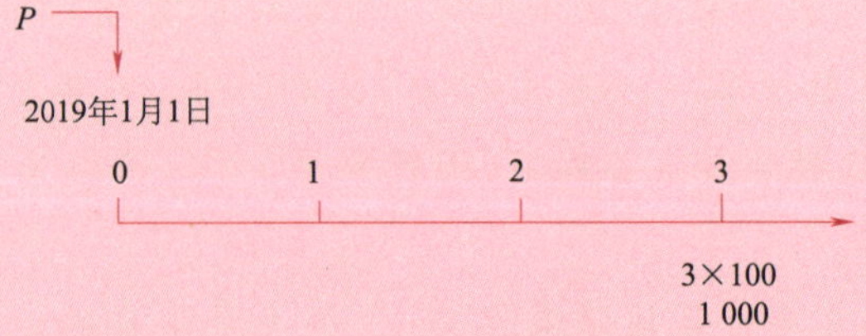

图 5-15　现金流量分布图

注意，图 5-15 中，单利终值 $F=P\times(1+i\times n)$，其中，$i\times n$ 为各期利息之和。

$$PV=\frac{I_1+I_2+I_3+M}{(1+i)^3}=\frac{3\times100+1\ 000}{(1+12\%)^3}=1\ 300\times(P/F,12\%,3)$$

$$=925.34(\text{元})$$

因为债券价值 925.34 元低于现时债券价格 950 元，所以不应该购买。

比较【例 5-46】和【例 5-47】的计算结果，我们发现由于债券计息方式不同，在一次还本付息的条件下，单利计息债券的价值 925.34 元小于复利计息债券的价值 947.41 元。

如果【例 5-46】和【例 5-47】，将一次还本付息改变为每年末支付利息，其他条件不变，你能计算该债券在 2019 年 1 月 1 日的价值，并为该投资者做出是否购买的决策吗？

复利计息条件下，该债券所涉及的现金流量如图 5-16 所示，则该债券的价值为：

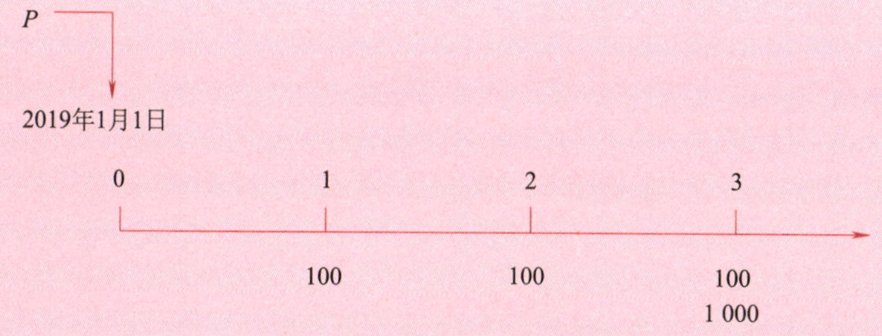

图 5-16　现金流量分布图

$$PV=\frac{I_1}{(1+i)^1}+\frac{I_2}{(1+i)^2}+\frac{I_3}{(1+i)^3}+\frac{M}{(1+i)^3}$$

$$=100\times(P/A,12\%,3)+1\ 000\times(P/F,12\%,3)$$

$$=100\times2.401\ 8+1\ 000\times0.711\ 8$$

$$=951.98(\text{元})$$

因为债券价值 951.98 元高于现时债券价格 950 元，所以应该购买。

71. 债券的收益率

债券的到期收益率是指以特定价格购买债券并持有至到期日所能获得的收益率，用来衡量债券的收益水平。

这个收益率是按复利计算的收益率，它是使未来现金流量现值等于债券买入价格的贴现率（即内含报酬率）。

$P=I\times(P/A,i,n)+M\times(P/F,i,n)$

其中 P、I、A、M、n 是给定的，求贴现率 i。

【例 5-48】 假定投资者目前以 1 075.92 元的价格，购买一份面值为 1 000 元，每年付息一次、到期归还本金，票面利率为 12%的 5 年期债券，投资者将该债券持有至到期日。

$1\ 075.92=120\times(P/A,R,5)+1\ 000\times(P/F,R,5)$

$R=10\%$。

计算结果表明，溢价债券的内部收益率低于票面利率，折价债券的内部收益率高于票面利率，平价债券的内部收益率等于票面利率。

通常，也可以用简便算法对债券投资收益率近似估算，计算公式为：

$$R=\frac{I+(B-P)/N}{(B+P)/2}\times 100\%$$

式中：P 表示债券的当前购买价格，B 表示债券面值，N 表示债券期限，分母是平均资金占用，分子是平均收益。将上例数据代入：

$$R=\frac{120+(1\ 000-1\ 075.92)/5}{(1\ 000+1\ 075.92)/2}\times 100\%=10.098\%$$

CHAPTER 06

生产成本项目公式

72. 本量利分析

本量利分析（简称为CVP分析），是成本—业务量—利润关系分析的简称，是指在变动成本计算模式的基础上，以数学化的会计模型与图示来揭示固定成本、变动成本、销售量、单价、销售额、利润等变量之间的内在规律性联系，为会计预测、决策和规划提供必要的财务信息的一种定量分析方法。

计算公式为：

利润＝销售收入－总成本

＝销售收入－变动成本－固定成本

＝销售量×单价－销售量×单位变动成本－固定成本

＝销售量×（单价－单位变动成本）－固定成本

本量利分析的基本原理就是在假设单价、单位变动成本和固定成本为常量以及产销一致的基础上，将利润、产销量分别作为自变量与因变量，给定产销量，就可以求出利润，或者给定目标利润，计算出目标产量。

在本量利分析图上，可以描绘出影响利润的因素：单价、销售量、单位变动成本、固定成本。借助本量利分析图不仅可以得出达到保本状态的销售量和销售额，还可以观察到相关因素变动对利润的影响，从而有助于管理者进行各种短期经营决策。

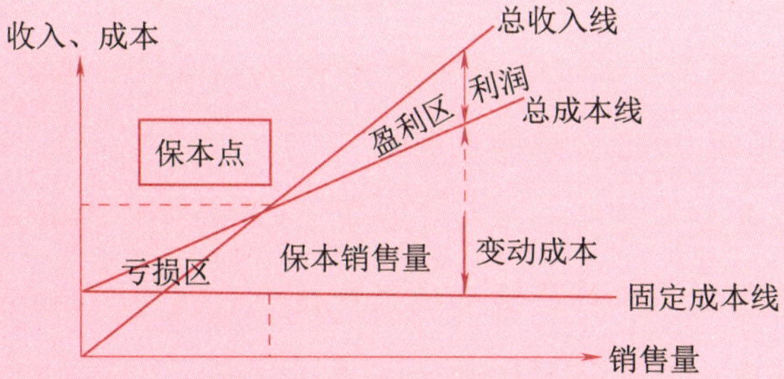

图 6-1　基本的本量利分析图

73. 边际贡献

边际贡献又称为边际利润、贡献毛益等，是指产品的销售收入减去变动成本后的余额。边际贡献的表现形式有两种：一种是以绝对额表现的边际贡献；另一种是以相对数表示的边际贡献率，是边际贡献与销售额的比率。

计算公式为：

边际贡献总额＝销售收入－变动成本
＝销售量×单位边际贡献
＝销售收入×边际贡献率

单位边际贡献＝单价－单位变动成本
＝单价×边际贡献率

$$边际贡献率=\frac{边际贡献总额}{销售收入}=\frac{单位边际贡献}{单价}$$

另外，还可以根据变动成本率计算边际贡献率：

$$变动成本率=\frac{变动成本总额}{销售收入}=\frac{单位变动成本}{单价}$$

利润＝边际贡献－固定成本
＝销售量×单位边际贡献－固定成本
＝销售收入×边际贡献－固定成本

保本销售额＝固定成本÷边际贡献率

【例 6-1】 环球公司生产甲产品，售价为 60 元/件，单位变动成本 24 元，固定成本总额 100 000 元，当年产销量 20 000 件。试计算单位边际贡献、边际贡献总额、边际贡献率及利润。

单位边际贡献＝单价－单位变动成本＝60－24＝36(元)

边际贡献总额＝单位边际贡献×产销量＝36×20 000＝720 000(元)

边际贡献率＝36÷60×100%＝60%

利润＝720 000－100 000＝620 000(元)

74. 产品保本计算公式

保本分析又称盈亏临界分析，是量本利分析的核心内容。

当利润为零时，求出的销售量就是保本销售量，即：

$$\text{保本销售量}=\frac{\text{固定成本}}{\text{单价}-\text{单位变动成本}}$$

$$\text{保本销售量}=\frac{\text{固定成本}}{\text{单位边际贡献}}$$

若用销售额来表示，则保本销售额计算公式为：

$$\text{保本销售额}=\text{保本销售量}\times\text{单价}=\frac{\text{固定成本}}{1-\dfrac{\text{单位变动成本}}{\text{单价}}}$$

【例 6-2】 环球公司销售甲产品 6 000 件，单价为 100 元/件，单位变动成本为 50 元，固定成本为 130 000 元，则甲产品的边际贡献率、保本销售量及保本销售额。

$$\text{边际贡献率}=\frac{\text{单位边际贡献}}{\text{单价}}\times100\%=\frac{100-50}{100}\times100\%=50\%$$

$$\text{保本销售量}=\frac{\text{固定成本}}{\text{单价}-\text{单位变动成本}}=\frac{130\ 000}{100-50}=2\ 600(\text{件})$$

$$保本销售额=\frac{固定成本}{边际贡献率}=\frac{130\ 000}{50\%}=260\ 000(元)$$

75. 保本作业率

保本作业率是指保本点销售量(额)占正常经营情况下的销售量(额)的百分比,计算公式为:

$$保本作业率=\frac{保本点销售量}{正常经营销售量}\times100\%=\frac{保本点销售额}{正常经营销售额}$$

【例 6-3】 承【例 6-2】的资料及有关计算结果,并假定该企业正常经营条件下的销售量为 5 000 件。

$$保本作业率=\frac{2\ 600}{5\ 000}\times100\%=52\%$$

$$或保本作业率=\frac{260\ 000}{5\ 000\times100}\times100\%$$

$$=52\%$$

上述计算结果表明,该企业保本作业率为 52%。

76. 安全边际量(安全边际额)

安全边际是指企业实际(或预计)销售量与保本销售量之间的差额,或实际(预计)销售额与保本销售额之间的差额。

安全边际有两种表现形式:一种是绝对数,即安全边际量(额);另一种是相对数,即安全边际率。计算公式为:

$$安全边际量=实际或预计销售量-保本点销售量$$

安全边际额=实际或预计销售额−保本点销售额

$$=\text{安全边际量}\times\text{单价}$$

$$=\text{安全边际率}=\frac{\text{安全边际量}}{\text{实际或预计销售量}}\times100\%$$

$$=\frac{\text{安全边际额}}{\text{实际或预计销售额}}\times100\%$$

【例 6-4】 承【例 6-2】,计算甲产品的安全边际及安全边际率。

安全边际量=实际销售量−保本销售量

5 000−2 600=2 400(件)

安全边际额=实际销售额−保本销售额

=5 000×100−260 000=240 000(元)

$$\text{安全边际率}=\frac{\text{安全边际量}}{\text{实际或预计销售量}}=\frac{2\ 400}{5\ 000}\times100\%=48\%$$

$$\text{或安全边际率}=\frac{\text{安全边际额}}{\text{实际或预计销售额}}=\frac{240\ 000}{5\ 000\times100}\times100\%=48\%$$

保本作业率+安全边际率=1

保本作业率与安全边际率的关系,如图 6-2 所示。

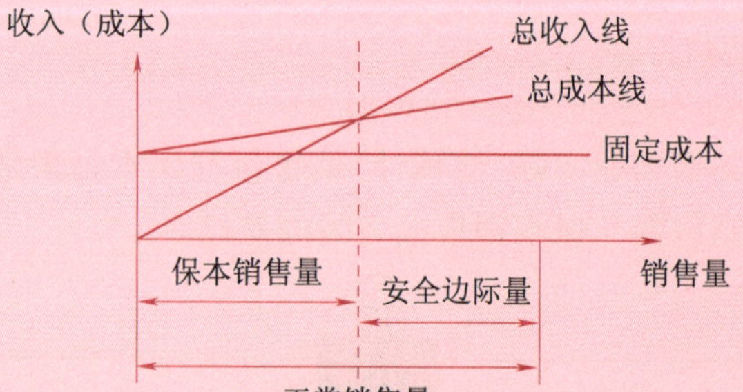

图 6-2

保本销售量+安全边际量=正常销售量

保本作业率+安全边际率=1

根据图 6-2 可以看出,只有安全边际才能为企业提供利润,而保本销售额扣除变动成本后只为企业收回固定成本。安全边际销售额减去其自身变动成本后成为企业利润，即安全边际中的边际贡献等于企业利润。这个结论可以通过下列公式导出：

利润＝边际贡献－固定成本

＝销售收入×边际贡献－保本销售额×边际贡献率

所以：利润＝安全边际额×边际贡献率

从上述关系式可以看出，要提高企业的销售利润率水平主要有两种途径：一是扩大现有销售水平，提高安全边际；二是降低变动成本水平，提高边际贡献率。

77. 单位产品的标准成本

产品成本由直接材料、直接人工和制造费用三个项目组成。无论是确定哪一个项目的标准成本，都需要分别确定其用量标准和价格标准，两者的乘积就是每一成本项目的标准成本，将各项目标准成本汇总，即得到单位产品的标准成本。计算公式为：

单位产品的标准成本＝直接材料标准成本＋直接人工标准成本＋制造费用标准成本

$=\sum$（用量标准×价格标准）

(1)直接材料的标准成本

直接材料标准成本计算公式为：

直接材料标准成本＝$\sum$（单位产品材料用量标准×材料价格标准）

【例6-5】 假定百祥公司A产品耗用甲、乙、丙三种直接材料，其直接材料标准成本的计算，见表6-1。

表6-1　　材料标准成本计算表

项目	标准		
	甲材料	乙材料	丙材料
价格标准①	35元/千克	20元/千克	40元/千克

续上表

项目	标准		
	甲材料	乙材料	丙材料
用量标准②	4千克/件	8千克/件	6千克/件
标准成本③	140元/件	160元/件	240元/件
单位产品直接材料标准成本④＝	540元		

(2)直接人工标准成本的制定

直接人工的标准成本是由直接人工用量和直接人工的价格两项标准决定的。人工用量标准，就是工时用量标准；直接人工的价格标准就是工资率标准是由标准工资总额与标准总工时的商来确定的，即：

$$标准工资率=\frac{标准工资总额}{标准总工时}$$

因此，直接人工标准成本＝工时用时标准×工资率标准

【例6-6】 沿用上例中的资料，A产品直接人工标准成本的计算，见表6-2。

表6-2　　A产品直接人工标准成本计算表

项目	标　　准
月标准总工时①	20 500小时
月标准总工资②	174 250元
标准工资率③＝②÷①	8.5元/小时
单位产品工时用量标准④	1.2元/小时
直接人工标准成本⑤＝④×③	10.2元/件

(3)制造费用标准成本

制造费用的标准成本是由制造费用用量标准和制造费用价格标准两项因素决定的。

制造费用价格标准，即制造费用的分配率标准，计算公式为：

$$标准制造费用分配率=\frac{标准制造费用总额}{标准总工时}$$

制造费用标准成本＝工时用量标准×制造费用分配率标准

【例 6-7】 沿用【例 6-5】资料，甲产品制造费用的标准成本计算，见表 6-3。

表 6-3　　甲产品制造费用标准成本

项目		标准
工时	月标准总工时①	20 500 小时
	单位产品工时标准②	1.2 元/小时
变动制造费用	标准变动制造费用总额③	92 250 元
	标准变动制造费用分配率④＝③÷①	4.5 元/小时
	变动制造费用标准成本⑤＝②×④	5.4 元/小时
固定制造费用	标准固定制造费用总额⑥	287 000 元
	标准固定制造费用分配率⑦＝⑥÷①	14 元/小时
	固定制造费用标准成本⑧＝②×⑦	16.8 元/件
单位产品制造费用标准成本⑨＝⑤＋⑧		22.2 元

78. 直接材料成本差异

直接材料成本差异是指直接材料的实际总成本与实际产量下标准总成本之间的差异。计算公式为：

直接材料成本差异＝实际产量下实际成本－实际产量下标准成本
＝实际用量×实际价格－实际产量下标准用量×标准价格
＝直接材料用量差异＋直接材料价格差异

【例 6-8】 沿用【例 6-5】中的资料，A 产品甲材料的标准价格为 55 元/千克，用量标准为 4 千克/件。假定企业本月投产 A 产品 7 000 件，领用甲材料 45 000 千克，其实际价格为 50 元/千克。其材料成本差异计算如下：

直接材料成本差异＝45 000×50－7 000×4×55

＝2 250 000－1 540 000

＝710 000(元)(超支)

其中：材料用量差异＝(45 000－7 000×4)×55

＝935 000(元)(超支)

材料价格差异＝450 000×(50－55)

＝－225 000(元)(节约)

79. 直接人工成本差异

直接人工成本差异，是指直接人工的实际总成本与实际产量下标准总成本之间的差异。它可分为人工工资率差异和直接人工效率差异两部分。

计算公式为：

直接人工成本差异＝实际总成本－实际产量下的标准成本

＝实际工时×实际工资率－实际产量下标准工时×标准工资率

＝直接人工效率差异＋直接人工工资差异

直接人工效率差异＝(实际工时－实际产量下标准工时)×标准工资率

直接人工工资率差异＝实际工时×(实际工资率－标准工资率)

【例 6-9】 沿用【例 6-5】中的资料，A 产品标准工资率为 8.5 元/小时，工时标准为 1.2 元/小时，工资标准为 10.2 元/件。假定企业本月实际生产 A 产品 7 000 件，用工 12 000 小时，实际应付直接人工工资 140 000元，计算过程如下：

直接人工成本差异=140 000－7 000×10.2=68 600(元)(超支)

其中:直接人工效率差异=(12 000－7 000×1.2)×8.5=30 600(元)

直接人工工资率差异=[(140 000/12 000)－8.5]×12 000=38 040(元)(超支)

80. 变动制造费用成本差异

变动制造费用成本差异是指实际发生的变动制造费用总额与实际产量下标准变动费用总额之间的差异。它可以分解为耗费差异和效率差异两部分。计算公式为:

变动制造费用成本差异=实际总变动制造费用－实际产量下标准变动制造费用

=实际工时×实际变动制造费用分配率－实际产量下标准工时×标准变动制造费用分配率

=变动制造费用效率差异+变动制造费用耗费差异

变动制造费用效率差异=(实际工时－实际产量下标准工时)×变动制造费用标准分配率

变动制造费用耗费差异=实际工时×(变动制造费用实际分配率－变动制造费用标准分配率)

其中,效率差异是用量差异,耗费差异属于价格差异。

【例 6-10】 A 产品变动制造费用分配率为 3.6 元/小时,工时标准为 1.5 小时件。假定企业本月实际生产 A 产品 8 000 件,用工 10 000 小时,实际发生变动制造费用 40 000 元。则:

变动制造费用成本差异=40 000－8 000×1.5×3.6=－3 200(元)

其中:变动制造效率差异=(10 000－8 000×1.5)×3.6=－7 200(元)(节约)

变动制造费用耗费差异=(40 000÷10 000－3.6)×10 000

=4 000(元)(超支)

81. 固定制造费用成本差异

固定制造费用成本差异是指实际发生的固定制造费用与实际产量下标准固定制造费用的差异。

计算公式为：

固定制造费用成本差异＝实际产量下实际固定制造费用－实际产量下标准固定制造费用

＝实际工时×实际分配率－实际产量下标准工时×标准分配率

其中，标准分配率＝固定制费用预算总额÷预算产量下标准总工时

由于固定费用相对稳定，实际产量与预算产量的差异会对单位产品所应承担的固定制造费用产生影响，所以固定制造费用成本差异的分析有其特殊性，分为两差异法和三差异分析法。

（1）两差异分析法

两差异法是将总差异分为耗费差异和能量差异两部分。其中，耗费差异是指固定制造费用的实际金额与固定制造费用预算金额之间的差额；而能量差异则是指固定制造费用预算金额与固定制造费用标准成本的差额。

计算公式为：

耗费差异＝实际固定制造费用－预算产量下标准固定制造费用

＝实际固定制造费用－标准工时×预算产量×标准分配率

＝实际固定制造费用－预算产量下标准工时×标准分配率

能量差异＝预算产量下标准固定制造费用－实际产量下标准固定制造费用

＝(预算产量下标准工时－实际产量下标准工时)×标准分配率

【例 6-11】 A 产品固定制造费用标准分配率为 12 元/小时候,工时标准为 1.5 小时/件。假定企业 A 产品预算产量为 10 400 件,实际生产 A 产品 8 000 件,用工 10 000 小时,实际发生固定制造费用 190 000 元。计算公式为:

固定制造费用成本差异=190 000−8 000×1.5×12=46 000(元)(超支)

其中:耗费差异=190 000−10 400×1.5×12=2 800(元)(超支)

能量差异=(10 400×1.5−8 000×1.5)×12=43 200(元)

通过以上计算可知,该企业 A 产品固定制造费用超支 46 000,主要是由于生产能力不足,实际产量小于预算产量所致。

(2)三差异分析法

三差异分析法将两差异分析法下的能量差异进一步分解为产量差异和效率差异,即将固定制造费用成本差异分为耗费差异、产量差异和效率差异三部分。

耗费差异=实际固定制造费用−预算产量下标准固定制造费用
=实际固定制造费用−预算产量×工时标准×标准分配率
=实际固定制造费用−预算产量下标准工时×标准分配率

产量差异=(预算产量下标准工时−实际产量下实际工时)×标准分配率

效率差异=(实际产量下实际工时−实际产量下标准工时)×标准分配率

【例 6-12】 沿用【例 6-11】,计算固定制造费用的成本差异。

固定制造费用成本差异=190 000−8 000×1.5×12=46 000(元)(超支)

其中:耗费差异=19 000−10 400×1.5×12=2 800(元)(超支)

产量差异=(10 400×1.5−10 000)×12=67 200(元)(超支)

效率差异=(10 000−8 000×1.5)×12=−24 000(元)(节约)

通过上述计算可以看出,采用三差异法,能够更好地说明生产能力利用程度和生产效率高低所导致的成本差异情况，便于分清责任。

82. 预计生产量

生产预算是为规划预算期生产规模而编制的一种业务预算，它是在销售预算的基础上编制的，主要内容包括销售量、期初和期末产成品存货、生产量。

预计生产量公式为：

预计期末产成品存货＝下季度销售量×预计百分比

预计期初产成品存货＝上季度期末产成品存货

预计生产量＝预计销售量＋预计期末产成品存货－预计期初产成品存货

【例 6-13】 春兰公司2019年的生产预算表，见表6-4。

表 6-4　　　　生产预算表　　　　单位：件

季度	一	二	三	四	全年
预计销售量	100	150	200	180	630
加：预计期末产成品存货	15	20	18	20	20
合　计	115	170	218	200	650
减：预计期初产成品存货	10	15	20	18	10
预计生产量	105	155	198	182	640

83. 订货成本

订货成本是指取得订单的成本，如办公费、差旅费、邮资、电报电话费、运输费等支出。订货成本中有一部分与订货次数无关，如常采购机构的基本开支等，称为固定的订货成本，用 F_1 表示；另一部分与订货次数有关，如差旅费、邮资等，称为订货变动成本。每次订货的变动成本用 K 表示；订货次数等于存货年需要量 D 与每次进货量 A 之商。订货成本的计算公式为：

$$订货成本=F_1+\frac{D}{Q}K$$

84. 储存成本

储存成本指为保持存货而发生的成本，包括存货占用资金所应计的利息、仓库费用、保险费用、存货破损和变质损失等，通常用 TC_C 表示。

储存成本也分为固定成本和变动成本。固定成本与存货数量的多少无关，如仓库折旧、仓库职工的固定工资等，常用 F_2 表示。变动成本与存货的数量有关，如存货资金的应计利息、存货的破损和变质损失、存货的保险费用等，单位变动成本用 K_C来表示。计算公式为：

$$储存成本=储存固定成本+储存变动成本$$

$$TC_C=F_2+K_C\frac{Q}{2}$$

85. 缺货成本

缺货成本指由于存货供应中断造成的损失，包括材料供应中断造成的停工损失、产成品库存缺货造成的拖欠发货损失和丧失销售机会的损失及造成的商誉损失等。缺货成本用 TC_S表示。

如果以 TC 来表示储备存货的总成本，计算公式为：

$$TC=TC_a+TC_c+TC_s=F_1+\frac{D}{Q}K+DU+F_2+K_c\frac{Q}{2}+TC_S$$

企业存货的最优化，就是使企业存货总成本即 TC 值最小。

86. 经济订货量基本模型

经济订货基本模型是建立在一系列严格假设基础上的。这些假设包括：①存货总需求量是已知常数；②订货提前期常数；③货物是一次性入库；④单位货物成本为常数，无批量折扣；⑤库存储存成本与库存水平呈线性关系；⑥货物是一种独立需求的物品，不受其他货物影响。

计算公式为：

$$TC=F_1+\frac{D}{Q}K+DU+F_2+K_c\frac{Q}{2}$$

当 F_1、K、D、U、F_2、K_C 为常数时，TC 的大小取决于 Q。为了求出 TC 的极小值，对其进行推导演算，可以得出经济订货基本模型，计算公式为：

$$EOQ=\sqrt{2KD/K_C}$$

【例 6-14】 假设春兰公司每年所需的原材料为 84 000 件，即每周平均消耗 1 750 件。如果每次订购 8 750 件，则可够企业 5 周的原材料需要。5 周后，原材料存货降至零，同时一批新的订货又将入库。这种关系可参考图 6-3。现设企业决定每次订货量改变为 4 375 件。这样，每次订货只能供企业两周半生产所需，订货的次数较前者增加了 1 倍，但平均库存水平也只有前者一半，可参考图 6-3。

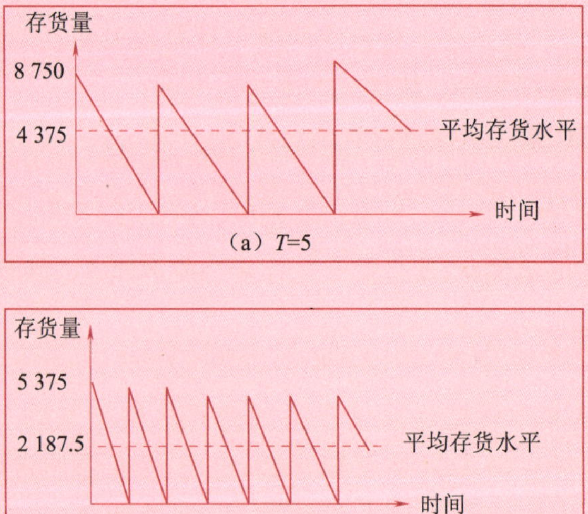

图 6-3

公司每次订货费用为 15 元，存货年储存费率为 0.5 元/件，则存货的相关总成本 TC(Q)为：

$$EOQ=\sqrt{\frac{2KD}{K_C}}=\sqrt{\frac{2\times 84\ 000\times 15}{0.5}}=2\ 244.99(\text{件})$$

$$TC(Q)=\sqrt{2KDK_C}=\sqrt{2\times 84\ 000\times 15\times 0.5}=1\ 122.50(\text{元/件})$$

87. 订货提前期计算公式

一般情况下，企业的存货不能做到随用随时补充，因此需要在没有用完时提前订货。再订货点就是在提前订货的情况下，为确保存货用完时订货刚好到达，企业再次发出订货单时应保持的存货库存量，它的数量等于平均交货时间和每日平均需用量的乘积：

$$R=L\times d$$

式中：R 表示再订货点，L 表示平均交货时间，d=表示每日平均需用量。

【例 6-16】 春兰公司订货日至到期日的时间为 10 天，每日存货需用量为 40 千克，则：

$$R=L\times d=10\times 40=400(\text{千克})$$

88. 存货陆续供应和使用计算公式

经济订货基本模型是建立在存货一次全部入库的假设之上的。事实上，各批存货一般都是陆续入库，库存量陆续增加。特别是产成品入库和在产品转移，几乎是陆续供应和陆续消耗的。假设每批订货数为 Q，每日送货量为 p，则该批货全部送货期为：

$$\text{送货期}=\frac{Q}{p}$$

假设每日耗用量为 d，则送货期内的全部耗用量为：

$$\text{送货期耗用量}=\frac{Q}{p}\times d$$

由于零件边送边用，所以每批送完时，则送货期内平均库存量为：

$$\text{送货期内平均库存量}=\frac{1}{2}(Q-\frac{Q}{p}\times d)$$

假设存货年需用量为 D，每次订货费用为 K，单位存货储存费率为 K_C，则与批量有关的总成本为：

$$TC(Q)=\frac{D}{Q}K+\frac{1}{2}(Q-\frac{Q}{p}\times d)\times K_C$$

当订货变动成本与储存变动成本相等时，$TC(Q)$ 有最小值，则存货陆续供应和使用的经济订货量公式为：

$$\frac{D}{Q}K=\frac{Q}{2}(1-\frac{d}{p})\times K_C$$

$$EOQ=\sqrt{\frac{2KD}{K_C}\times\frac{p}{p-d}}$$

代入 $TC(Q)$ 公式中，得出存货陆续供应和使用的经济订货量相关总成本公式：

$$TC(Q)=\sqrt{2KDK_C\times(1-\frac{d}{P})}$$

【例 6-17】 某材料年需用量为 5 400 吨，每日送货量为 45 吨，每日耗用量为 15 吨，单价 2 000 元，一次订货成本为 120 元，单位储存成本为 20 元。则：

$$EOQ=\sqrt{\frac{2KD}{K_C}\times\frac{p}{p-d}}$$

$$=\sqrt{\frac{2\times5\ 400\times120}{20}\times\frac{45}{45-15}}$$

$$=\sqrt{64\ 800}$$

$$=311.77(\text{件})$$

$$TC(Q)=\sqrt{2KDK_C\times(1-\frac{d}{p})}$$

$$=\sqrt{2\times5\ 400\times120\times20\times(1-\frac{15}{45})}$$

$$=\sqrt{25\ 920\ 000\times0.67}$$

$$=4\ 167.30(\text{元/件})$$

89. 存货的保险储备计算公式

按照某一订货量和再订货点发出订单后，如果需求增大或送货延迟，就会发生缺货或供货中断。为防止由此造成的损失，就需要多储备一些存货，以备应急之需，此称为保险储备。这些存货在正常情况下不动用，只有当存货过量使用或送货延迟时才动用。计算公式为：

再订货点＝预计交货期内的需求＋保险储备

最佳保险储备量确定的计算方法。首先计算不同保险储备量下的总成本 TC(S、B)，然后再对比总成本，选定其中最低的。

【例 6-18】 假设春兰公司每年需外购零件 4 900 千克，该零件单价为 100 元，单位储存变动成本 400 元，一次订货成本 500 元，单位缺货成本 200 元，企业目前建立的保险储备量是 50 千克。在交货期内的需要量及其概率，见表 6-5。

表 6-5

需要量(千克)	概率	需要量(千克)	概率
240	0.1	300	0.2
260	0.2	320	0.1
280	0.4		

(1)经济订货批量$=\sqrt{\dfrac{2\times 4\ 900\times 500}{40}}=350$(千克)

年订货次数＝4 900÷350＝14(次)

(2)交货期内平均需求＝240×0.1＋260×0.2＋280×0.4＋300×0.2＋320×0.1＝280(千克)

含有保险储备的再订货点＝280＋50＝330(千克)

存货水平为 330 克时应补充订货。

(3)①设备保险储备为0，再订货点＝280，缺货量＝(300－280)×0.2＋(320－280)×0.1＝8(千克)

缺货损失与保险储备持有成本之和＝8×200×14＋0×400＝22 400(元)

②设备保险储备为20，再订货点＝280＋20＝300，缺货量＝(320－300)×0.1＝2(千克)，缺货损失与保险储备持有成本之和＝2×200×14＋20×400＝13 600(元)

③设备保险储备为40，再订货点＝280＋40＝320，缺货量＝0

缺货损失与保险储备持有成本之和＝0×200×14＋40×400＝16 000(元)

因此，合理保险储备为20千克，此时相关成本最小。企业目前的保险储备标准太高。

(4)按合理保险储备标准，企业的再订货点＝280＋20＝300(千克)

90. 先进先出法

先进先出法是以先购入的存货应先发出(销售或耗用)这样一种存货实物流转假设为前提，对发出存货进行计价。采用这种方法，先购入的存货成本在后购入存货成本之前转出，据此确定发出存货和期末存货的成本。

【例6-19】 春兰公司2019年4月1日购入X型电路板50个，单价为80元；4月4日购入X型电路板70件，单价75元；4月6日领用X型电路板80件；4月15日购入X型电路板50件，单价78元；4月28日领用X型电路板65件。假设领用X型电路板全部为生产成本，按先进先出法核算，填制存货明细账，见表6-6。

表6-6 **存货明细账**

存货名称：A材料

日期		摘要	收入			支出			结存		
月	日		数量(件)	单价(元/件)	金额(元)	数量(件)	单价(元/件)	金额(元)	数量(件)	单价(元/件)	金额(元)
4	1	购入	50	80	4 000				50	80	4 000
4	4	购入							50	80	4 000
			70	75	5 250				70	75	5 250
4	6	领用				50	80	4 000			

续上表

日期		摘要	收入			支出			结存		
月	日		数量（件）	单价（元/件）	金额（元）	数量（件）	单价（元/件）	金额（元）	数量（件）	单价（元/件）	金额（元）
4	6	领用				30	75	2 250	40	75	3 000
4	15	购入							40	75	3 000
			50	78	3 900				50	78	3 900
4	28	领用				40	75	3 000			
						25	78	1 950	25	78	1 950

4 月 6 日发出材料的成本＝50×80＋30×75＝4 000＋2 250＝6 250（元）

4 月 28 日发出材料成本＝40×75＋25×78＝3 000＋1 950＝4 950（元）

91. 一次加权平均法

月末一次加权平均法是指以当月全部进货数量加上月初存货数量作为权数，除以当月全部进货成本加上月初存货成本，计算出存货的加权平均单位成本，以此为基础计算当月发出存货的成本和期末存货成本的一种方法。

$$存货平均单价=\frac{期初库存存货的实际成本+本期进货的实际成本}{期初库存存货数量+本期进货数量}$$

$$本月发出成本=本月发货数量\times存货平均单价$$

【例 6-20】 蓝迪公司 2019 年 1 月初库存 A 材料 10 件，单价 68 元；1 月 3 日购入 A 材料 50 件，单价为 70 元；1 月 4 日购入 A 材料 60 件，单价 65 元；1 月 6 日领用 A 材料 80 件；1 月 15 日购入 A 材料 40 件，单价 68 元；1 月 28 日领用 A 材料 60 件。假设领用 A 产品全部为生产成本，按月末一次加权平均法核算，填制存货明细账，见表 6-7。

表 6-7　　　　　　　　　　　　　　　　**存货明细账**

存货名称：A 材料

日期		摘要	收入			支出			结存		
月	日		数量（件）	单价（元/件）	金额（元）	数量（件）	单价（元/件）	金额（元）	数量（件）	单价（元/件）	金额（元）
本月月初									10	68	680
1	3	购入	50	70	3 500						
1	4	购入	60	65	3 900						
1	6	领用				80					
1	15	购入	40	68	2 720						
1	28	领用				60					
本月月末						140	67.5	9 450	10	67.5	675

1 月末编制分录如下：(680＋10 120)÷(10＋150)＝67.5(元)

本月发出成本＝140×67.5＝9 450(元)

92. 移动加权平均法

移动加权平均法是指以每次进货的成本加上原有库存存货的成本，除以每次进货数量与原有库存存货的数量之和，据以计算加权平均单位成本，作为在下次进货前计算各次发出存货成本的依据。计算公式如下：

$$\text{存货移动平均单价}=\frac{\text{原有库存存货的实际成本}+\text{本次进货的实际成本}}{\text{原有库存存货数量}+\text{本次进货数量}}$$

本次发出成本＝本次发货数量×存货移动平均单价

【例 6-21】 绿地公司 2019 年 3 月初库存 CI 型发动机 10 台，单价 2 500元；3 月 1 日购入 CI 型发动机 50 台，单价为 2 500 元；3 月 4 日购入 CI 型发动机 60 台，单价 2 400 元；3 月 6 日领用 CI 型发动机 80 台；3 月 15 日购入 CI 型发动机 40 台，单价 2 480 元；3 月 28 日领用 CI 型发动机 60 台。假设领用 A 产品全部为生产成本，按移动加权平均法核算，填制存货明细账，见表 6-8。

表 6-8 **存货明细账**

存货名称：CI 型发动机

2019 年		摘要	收入			支出			结存		
月	日		数量（台）	单价（元/台）	金额（元）	数量（台）	单价（元/台）	金额（元）	数量（台）	单价（元/台）	金额（元）
本月月初									10	2 500	25 000
3	1	购入	50	2 500	125 000				60	2 500	150 000
3	4	购入	60	2 400	144 000				120	2 450	294 000
3	6	领用				80	2 450	196 000	40	2 450	98 000
3	15	购入	40	2 480	99 200				80	2 465	197 200
3	28	领用				60	2 465	147 900	20	2 465	49 300

$$3\text{月}6\text{日领用材料的移动平均单价}=\frac{\text{原有库存存货实际成本}+\text{本次进货的实际成本}}{\text{原有库存存货数量}+\text{本次进货数量}}$$

$$=\frac{25\ 000+125\ 000+144\ 000}{10+50+60}=2\ 450(\text{元})$$

3 月 6 日领用材料的成本＝2 450×80＝196 000（元）

$$3\text{月}28\text{日领用材料的移动平均单价}=\frac{98\ 000+99\ 200}{40+40}=2\ 465(\text{元})$$

3 月 28 日领用材料的成本＝2 465×60＝147 900（元）

93. 个别计价法

个别计价法又称个别认定法、具体辨认法、分批实际法，其特征是注重所发出存货具体项目的实物流转与成本流转之间的联系，逐一辨认各批发出存货和期末存货所属的购进批别或生产批别，分别按其购入或生产时所确定的单位成本计算各批发出存货和期末存货的成本。即把每一种存货的实际成本作为计算发出存货成本和期末存货成本的基础。对于不能替代使用的存货、为特定项目专门购入或制造的存货以及提供的劳务，通常采用个别计价法确定发出存货的成本。在实际工作中，越来越多的企业采用计算机信息系统进行会计处理，个别计价法可以广泛应用于发出存货的计价，并且该方法确定的存货成本最为准确。

【例 6-22】 绿地公司在 9 月 1 日购入 H 型钢材 100 吨，其中有 40 吨单价为 2 200 元，有 60 吨单价为 2 250 元。9 月 9 日领用 H 型钢材 83 吨，其中单价为 2 200 元的 30 吨，单价为 2 250 元的 53 吨。假设甲公司使用个别计价法核算，存货明细账，见表 6-9。

表 6-9 **存货明细账**

存货名称：H 型钢材

日期		收入			支出			结存		
月	日	数量（吨）	单价（元/吨）	金额（元）	数量（吨）	单价（元/吨）	金额（元）	数量（吨）	单价（元/吨）	金额（元）
9	1	40	2 200	88 000				40	2 200	8 800
		60	2 250	135 000				60	2 250	13 500
9	9				30	2 200	66 000	10	2 200	22 000
					53	2 250	119 250	7	2 250	15 750

9 月 9 日，发出材料成本＝30×2 200＋53×2 250＝185 250（元）

94. 辅助生产费用直接分配法

采用直接分配法，不考虑辅助生产内部相互提供的劳务量，即不经过辅助生产费用的交互分配，直接将各辅助生产车间发生的费用分配给辅助生产以外的各个受益单位或产品。分配计算公式为：

$$辅助生产的单位成本=\frac{辅助生产费用总额}{辅助生产的产品或劳务总量}$$

各受益车间、产品或各部门应分配的费用＝辅助生产的单位成本×该车间、产品或部门的耗用量

【例 6-23】 企业有供水和供电两个辅助生产车间，这两个车间的辅助生产明细账所归集的费用分别是：供电车间 89 000 元，供水车间 21 000 元；

供电车间为生产甲乙产品、各车间管理部门和企业行政管理部门提供362 000度电，其中供水车间耗电 6 000 度；供水车间为生产甲乙产品、各车间及企业行政管理部门提供 5 370 吨热气，其中供电车间耗用 120 吨。辅助生产费用分配表，见表 6-10。

表 6-10 **辅助生产费用分配表**（直接分配法）

借方科目		生产成本——基本生产成本			制造费用	管理	合计
		甲产品	乙产品	小计	（基本车间）	费用	
供电车间	耗用量（度）	220 000	130 000	350 000	4 200	1 800	356 000
	分配率						(89 000÷356 000)=0.25
	金额（元）	55 000	32 500	87 500	1 050	450	89 000
供水车间	耗用量（度）	3 000	2 200	5 200	30	20	5 250
	分配率						(21 000÷5 250)=4
	金额（元）	12 000	8 800	20 800	120	80	21 000
金额合计（元）		67 000	41 300	108 300	1 170	530	110 000

$$供电车间辅助生产单位成本=\frac{89\ 000}{356\ 000}=0.25(元/小时)$$

$$供水车间辅助生产单位成本=\frac{21\ 000}{5\ 250}=4(元/小时)$$

甲产品应分配的辅助成本＝220 000×0.25＋3 000×4＝67 000(元)

乙产品应分配的辅助成本＝130 000×0.25＋2 200×4＝41 300(元)

车间管理部门应分配的制造费用＝4 200×0.25＋30×4＝1 170(元)

企业行政管理部分应分配的辅助成本＝1 800×0.25＋20×4＝530(元)

采用直接分配法，由于各辅助生产费用只对外分配，计算工作简便。当辅助生产车间相互提供产品或劳务量差异较大时，分配结果往往与实际不符，因此这种分配方法只适宜在辅助生产内部相互提供产品或劳务不多、不进行费用的交互分配，对辅助生产成本和产品制造成本影响不大的情况下使用。

95. 辅助生产成本交互分配法

交互分配法是对各辅助生产车间的成本费用进行两次分配。首先，根据各辅助生产车间相互提供的产品或劳务的数量和交互分配前的单位成本（费用分配率），在各辅助生产车间之间进行一次交互分配；然后，将各辅助生产交互分配后的实际费用(交互分配前的成本费用加上交互分配转入的成本费用,减去交互分配转出的成本费用),再按对外提供产品或劳务的数量和交互分配后的单位成本(费用分配率),在辅助生产车间以外的各受益单位进行分配。

交互分配法流程,如图 6-4 所示。

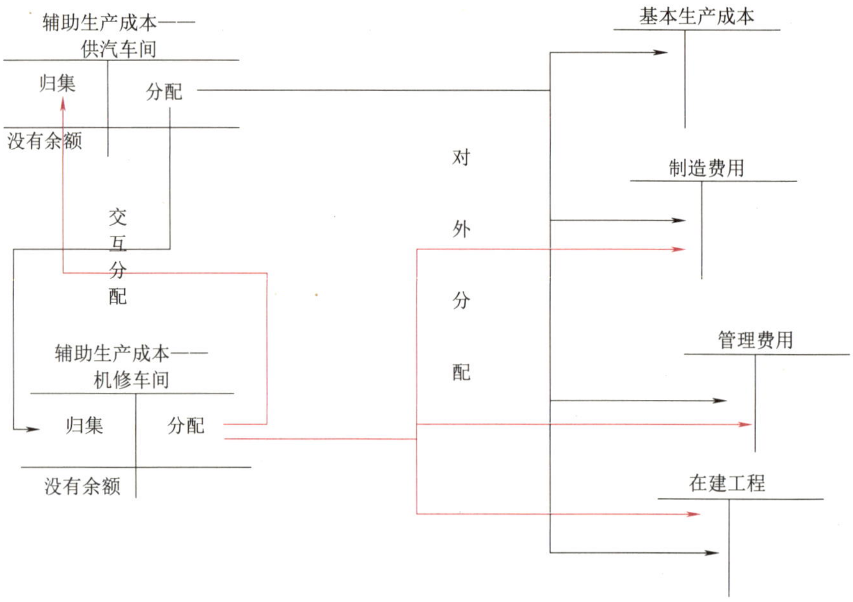

图 6-4　交互分配法流程

【例 6-24】　沿用【例 6-22】,采用交互分配法分配辅助生产费用,并编制"辅助生产费用分配表",见表 6-11。

表 6-11　　　　**辅助生产费用分配表**(直接分配法)

项目		供电车间			锅炉车间			合计(元)
		耗用(度)	单位成本(元/度)	分配金额(元)	耗用量(度)	单位成本(元/吨)	分配金额(元)	
待分配费用		362 000	0.245 9	89 000	5 370	3.910 6	21 000	110 000
交互分配	辅助生产——供电			469.27	−120		−469.27	
	辅助生产——供水	−6 000		−1 475.4			−1 475.4	

续上表

项目		供电车间			锅炉车间			合计（元）
		耗用（度）	单位成本（元/度）	分配金额（元）	耗用量（度）	单位成本（元/吨）	分配金额（元）	
对外分配辅助生产费用		356 000	0.247 2	87 993.87	5 250	4.191 6	22 006.13	110 000
对外分配	基本生产——甲产品	220 000		54 384	3 000		12 574.8	66 958.8
	基本生产——甲产品	130 000		32 136	2 200		9 221.52	41 357.52
	制造费用	4 200		1 038.13	30		125.75	1 163.88
	管理费用	1 800		444.91	20		83.83	528.75
	合计	356 000		87 994.14	5 250		22 006.13	110 000

供电车间对外分配的费用＝89 000－1 475.4＋469.27

＝87 993.87（元）

锅炉车间对外分配的费用＝21 000－469.27＋1 475.4

＝22 006.13（元）

96. 约当产量比例法公式

约当产量是指在产品按期来完工程度折合成完工的产量。约当产量法就是将月末结存的在产品，按其完工程度折合成约当产量，然后再将产品应负担的全部生产费用，按完工产品产量和在产品约当产量的比例进行分配的一种方法。

计算公式为：

在产品约当产量＝在产品数量×完工程度

单位成本＝（月初在产品成本＋本月发生生产成本）÷（完工产品产量＋在产品约当产量）

完工产品成本＝完工产品产量×单位成本

在产品成本＝在产品约当产量×单位成本

【例 6-25】 春兰公司甲产品本月完工产品产量 700 件，在产品 100 件，完工程度按平均 50%计算。原材料在开始时一次投入，其他费用按约当产量比例分配。甲产品本月月初在产品和本月耗用直接材料共计84 000 元，直接人工费用 41 250 元，燃料动力费用 71 250 元，制造费用 28 500 元。

(1)直接材料的计算

完工产品负担的直接材料费＝84 000÷(700＋100)×700＝73 500(元)

在产品负担的直接材料费＝84 000÷(700＋100)×100＝10 500(元)

直接人工费用、燃料和动力费、制造费用均按约当产量作比例分配，在产品 100 件折合约当产量 50 件(100×50%)

(2)直接人工费的计算

完工产品负担的直接人工费用＝41 250÷(700＋50)×700＝38 500(元)

在产品负担的直接人工费用＝41 250÷(700＋50)×50＝2 750(元)

(3)燃料和动力费的计算

完工产品负担的燃料和动力费＝71 250÷(700＋50)×700＝66 500(元)

在产品负担的燃料和动力费＝71 250÷(700＋50)×50＝4 750(元)

(4)制造费用的计算

完工产品负担的制造费用＝28 500÷(700＋50)×700＝26 600(元)

在产品负担的制造费用＝28 500÷(700＋50)×50＝1 900(元)

通过以上按约当产量法分配计算的结果，可以汇总出甲产品完工产品成本和在产品成本。

甲产品本月完工产品成本＝73 500＋38 500＋66 500＋26 600＝205 100(元)

甲产品本月在产品成本＝10 500＋2 750＋4 750＋1 900＝19 900(元)

97. 在产品成本按定额成本计算

在产品成本按定额成本计算方法是事先经过调查研究、技术测定或按定额资料，对各个加工阶段上的在产品，直接确定一个定额单位成本、月终根据在产品数量，分别乘以各项定额单位成本，即可计算出月末在产品的定额成本。将月初在产品成本加上本月发生费用，减去月末在产品的定额成本，就可以算出产成品的总成本了。

计算公式为：

月末在产品成本＝月末在产品数量×在产品定额单位成本

产成品成本＝(月初在产品成本＋本月发生生产成本)－月末在产品成本

产成品单位成本＝完工产品总成本÷产成品产量

98. 制造费用分配计算公式

只生产一种产品的车间，制造费用可以直接计入该产品生产成本。

生产多种产品的车间，制造费用应采用既合理又简便的分配方法，分配计入各种产品的生产成本。常见的制造费用分配方法如下：

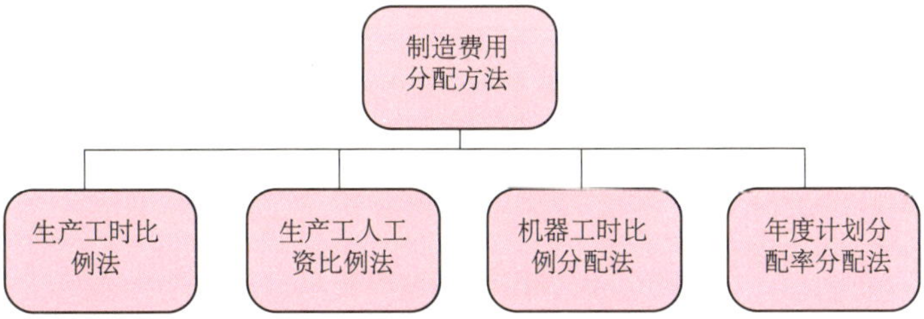

计算公式为：

月末在产品成本＝月末在产品数量×在产品定额单位成本

产成品成本＝(月初在产品成本＋本月发生生产成本)－月末在产品成本

产成品单位成本＝完工产品总成本÷产成品产量

(1)生产工时比例法

生产工时比例法是按照各种产品所用生产工人工时的比例分配制造费用的一种方法。

生产工时比例法是较为常用的一种分配方法，能将劳动生产率的高低与产品负担费用的多少联系起来，分配结果比较合理。必须正确组织好产品生产工时的记录和核算等基础工作，以保证生产工时的正确、可靠。

生产工时比例法计算公式如下：

制造费用分配率＝制造费用总额÷车间产品生产工时之和

某种产品应分配的制造费用＝该种产品生产工时×制造费用分配率

【例 6-26】 天一企业生产车间发生的制造费用总共是 31 200 元，甲产品的生产工时 15 000 小时，乙产品生产工时 9 000 小时，制造费用分配计算的结果是：

制造费用分配率＝31 200÷(15 000＋9 000)＝1.3(元/小时)

甲产品应负担的制造费用＝15 000×1.3＝19 500(元)

乙产品负担的制造费用＝9 000×1.3＝11 700(元)

根据生产工时比例法编制制造费用分配表，见表 6-12。

表 6-12 **制造费用分配表**

车间名称：基本生产车间 单位：元

应借科目		生产工时(小时)	分配金额(分配率：1.3)
基本生产成本	甲产品	15 000	19 500
	乙产品	9 000	11 700
合计		2 4000	31 200

(2)生产工人工资比例法

生产工人工资比例法又称生产工资比例法，是以各种产品的生产工人工资的比例分配制造费用的一种方法。

特点：核算工作简便，适用于各种产品生产机械化的程度大致相同情况。

生产工人工资比例法计算公式如下：

制造费用分配率＝制造费用总额÷工人工资

某种产品应分配的制造费用＝该种产品工人工资×制造费用分配率

(3)机器工时比例法

机器工时比例法是按照各种产品所用机器设备运转时间的比例分配制造费用的一种方法。这种方法适用于机械化程度较高的车间。

机器工时比例分配法计算公式如下：

制造费用分配率＝制造费用总额÷车间产品机器工时之和

某种产品应分配的制造费用＝该种产品机器工时×制造费用分配率

在计算时，要求对各种产品的机器工时的记录和计量要准确，如果不准会造成各种产品负担的制造费用分配计算结果可能不太合理。

(4)按年度计划分配率分配法

年度计划分配率分配法是按照年度开始前确定的全年适用的计划分配率分配费用的方法。

该方法核算工作简便，特别适用于季节性生产的车间，便于进行成本分析。但是，采用这种分配方法要求计划工作水平较高。

注意：年度内如果发现全年制造费用的实际数和产品的实际产量与计划数发生较大的差额时，应及时调整计划分配率。

计算公式如下：

年度计划分配率＝年度制造费用计划总额÷年度各种产品计划产量的定额工时总额

某月某产品制造费用＝该月该种产品实际产量的定额工时数×年度计划分配率

【例 6-27】 某车间全年制造费用计划 121 240 元，全年各种产品计划产量为：甲产品 3 200 件，乙产品 2 950 件；单件产品的工时定额为甲产品 8 小时，乙产品 6 小时。1 月实际产量为：甲产品 310 件，乙产品实际产量是 220 件；本月实际发生的制造费用 13 000 元。1 月初，制造费用科目贷方余额为 500 元。（计算过程如下）

1）各种产品年度计划产量的定额工时

甲产品年度计划产量的定额工时＝3 200×8＝25 600（小时）

乙产品年度计划产量的定额工时＝2 950×6＝17 700（小时）

2）制造费用年度计划分配率

$$制造费用年度计划分配率=\frac{121\ 240}{25\ 600+17\ 700}=2.8$$

3）各种产品本月实际产量的定额工时

甲产品本月实际产量的定额工时＝310×8＝2 480（小时）

乙产品本月实际产量的定额工时＝220×6＝1 320（小时）

4）各种产品应分配的制造费用

该月甲产品分配制造费用＝2 480×2.8＝6 944（元）

该月乙产品分配制造费用＝1 320×2.8＝3 696（元）

该车间本月按计划分配率分配转出的制造费用为：6 944＋3 696＝10 640（元）

99. 品种法

品种法是指以产品品种为成本计算对象计算成本的一种方法。主要运用于大量大批单步骤生产的企业。运用品种法的企业，大多属于单步骤、大量大批生产的企业，这样的生产类型决定了品种法在成本核算上具有如下特点：

（1）成本计算对象一般只是企业的完工产品。由于单步骤生产是生产技术不可间断的生产，生产过程中不存在在产品或仅存在部分数量稳定的在产品，这部分在产品在成本计算时可不予考虑。

（2）成本计算期与每月的会计报告期相同。大量大批的生产组织特点意味着投入和产出的不间断性，产品生产周期难以确定，只能把每月的会计报告期作为成本计算期。

（3）生产费用全部由完工产品负担。品种法的成本计算对象只是完工产品，与之相应，生产费用也无须在完工产品与在产品间分配。

如果企业只生产一种产品，本月发生的直接材料、直接工资和制造费用全部是直接费用，可直接记入所生产的这一种产品中，不需进行任何的生产费用分配。如果企业生产两种或两种以上的产品就必须进行生产费用的分配。除了可以明确计入某一种产品的直接费用外，凡是无法直接计入某一种产品的间接费用都要选择合适的标准分配记入。如图 6-5 所示。

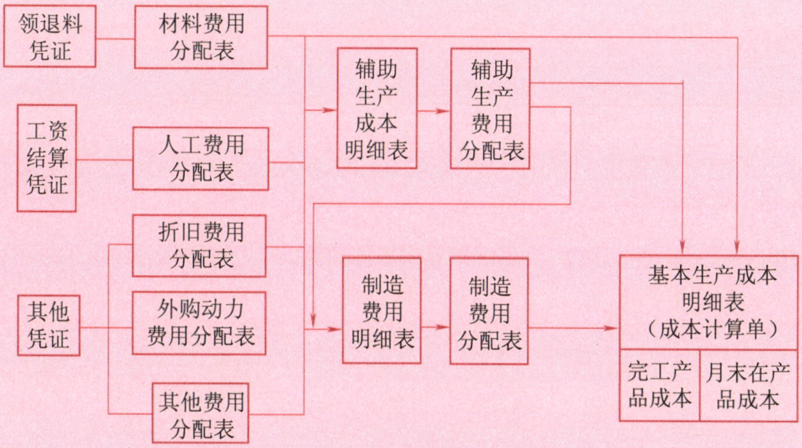

图 6-5　品种法计算程序图

多步骤大批量的复杂生产，一般要采用其他成本计算方法以便提供各步骤的成本信息。但是如果管理上不要求提供各步骤的成本，也可以采用品种法。这种情况下，由于步骤多，一般要考虑月末在产品，就要将生产费用在各种产品间分配后，再将某产品应负担费用在完工与未完工产品之间分配。

【例 6-28】　以采掘企业的煤矿为例，生产技术不可间断，不划分生产步骤，产品就是原煤，属单一品种。月初月末的在产品比较稳定，不予考虑。2019 年 1 月，本月发生生产费用 3 500 000 元，生产原煤 50 000 吨，登记生产成本明细账，见表 6-13。

步骤一：根据原始凭证汇总生产费用，编制生产费用汇总表，见表 6-14；

步骤二：登记生产成本明细账。

表 6-13 **生产成本明细账** 单位：元

月份	直接材料	直接工资	制造费用	合　计
1 月	750 000	1 500 000	1 250 000	3 500 000

表 6-14 **原煤成本计算单** 2019 年 1 月

成本项目	总成本（50 000 吨）	单位成本（元/吨）
直接材料	750 000	15
直接工资	1 500 000	30
制造费用	1 250 000	25
合　　计	3 500 000	70

步骤三：根据生产成本明细账所汇总的生产费用编制原煤产品成本计算单，见表 6-15。

表 6-15 **产品成本计算单**

产品名称：甲产品　　2019 年 1 月　　产品数量：400 件

产品项目	月初在产品成本	本月生产费用	生产费用合计	产成品成本（元）		月末在产品成本
				总成本（元）	单位成本（元/件）	
直接材料费	25 488	58 512	84 000	67 200	168	16 800
直接人工费	1 188	32 832	34 020	30 240	75.6	3 780
燃料和动力费	5 670	56 700	68 040	73 710	163.8	8 190
制造费用	20 988	14 112	35 700	31 200	78	3 900
合计	53 334	173 496	226 830	194 160	485.4	32 670

100. 分批法

分批法是指以产品的批别作为产品成本核算对象，归集生产成本，计算产品成本的一种方法。

(1)分批法的基本特点

①成本核算对象是产品的批别。

②成本计算期与产品生产周期基本一致,但与财务报告期不一致。

③在计算月末在产品成本时,一般不存在完工产品与在产品之间分配成本的问题。

(2)分批法成本核算的一般程序

①按产品批别设立产品成本明细账。

②分批法条件下,月末完工产品与在产品之间的费用分配有以下几种情况。

a. 如果是单件生产,产品完工以前,产品成本明细账所记的生产费用都是在产品成本;产品完工时,产品成本明细账所记的生产费用,就是完工产品成本,因而在月末计算成本时,不存在完工产品与在产品之间分配费用的问题。

b. 如果是小批生产,一般也不存在在完工产品与在产品之间分配费用的问题。

c. 如果是批内产品跨月陆续完工,这时就要在完工产品与在产品之间分配费用。

【例 6-29】 春兰公司按照购货单位的要求,小批生产某些产品,采用分批法计算产品成本。该厂 4 月份投产甲产品 25 件,批号为 101,5 月份全部完工;5 月投产乙产品 70 件,批号 202,当月完工 50 件,并已交货,还有 20 件尚未完工。101、102 号产品成本计算单见表 6-16 和表 6-17。

表 6-16 **产品成本计算单**(101) 单位:元

项　目	直接材料费	直接人工费	制造费用	合计
4 月末余额	15 000	1 000	5 400	21 400
5 月发生费用				
据材料费用分配表	5 200			5 200
据工资费用分配表		1 900		1 900
据制造费用分配表			12 000	12 000
结转产品(25 件)成本	20 200	2 900	17 400	40 500
单位成本	808	116	696	1620

表 6-17 **产品成本计算单**(202) 单位:元

项　目	直接材料费	直接人工费	制造费用	合计
5 月发生费用				

续上表

项　　目	直接材料费	直接人工费	制造费用	合计
据材料费用分配表	28 000			28 000
据工资费用分配表		5 600		5 600
据制造费用分配表			14 000	14 000
合计	28 000	5 600	14 000	47 600
结转产品(50 件)成本	20 000	4 000	10 000	
单位成本	400	50	200	650
月末在产品成本	8 000	1 000	4 000	13 000

101. 分步法

分步法是指按照生产过程中各个加工步骤(分品种)为成本核算对象,归集和分配生产成本,计算各步骤半成品和最后产成品成本的一种方法。这种方法适用于大量大批的多步骤生产,如冶金、纺织、机械制造等。在这类企业中,产品生产可以分为若干个生产步骤的成本管理,通常不仅要求按照产品品种计算成本,而且还要求按照生产步骤计算成本,以便为考核和分析各种产品及各生产步骤的成本计划的执行情况提供资料。

(1)分步法计算成本的主要特点

①成本核算对象是各种产品的生产步骤。

②月末为计算完工产品成本,还需要将归集在生产成本明细账中的生产成本在完工产品和在产品之间进行分配。

③成本计算期是固定的,与产品的生产周期不一致。

(2)分步法成本计算的一般程序

根据成本管理对各生产步骤成本资料的不同要求和简化核算的要求,一般采用逐步结转和平行结转两种方法,称为逐步结转分步法和平行结转分步法。

a. 逐步结转分步法

逐步结转分步法是为了分步计算半成品成本而采用的一种分步法,也称计算半成品成本分步法。它是按照产品加工顺序,先计算第一个加工步骤的半成品成本,然后结转给第二个加工步骤,这时,第二个步骤把第一个步骤结转来的半成品成本加上本步骤耗用的材料成本和加工成本，即可求得第二个加工步骤的半成品成本。

这种方法用于大量大批连续式复杂性生产的企业。这种类型的企业，有的不仅将产成品作为商品对外销售，而且生产步骤所产半成品也经常作为商品对外销售。例如，钢铁厂的生铁、钢锭，纺织厂的棉纱等，都需要计算半成品成本。

其优点：一是能提供各个生产步骤的半成品成本资料；二是为各生产步骤的在产品实物管理提供资料；三是能够全面地反映各生产步骤的生产耗费水平，更好地满足各生产步骤成本管理的要求。

其缺点：成本结转工作量较大，各生产步骤的半成品成本采用逐步综合结转方法，还要进行成本还原，增加了核算的工作量。

逐步结转分步法按照成本在下一步骤成本计算单中的反映方式，还可以分为综合结转和分项结转两种方法。

【例 6-30】 春兰公司甲产品生产分两步在两个车间进行，第一车间为第二车间提供半成品，半成品收发通过半成品库时行，两个车间的月末在产品均按定额成本计价，成本计算见表 6-18、6-20。

根据第一车间甲产品（半成品）成本计算单、半成品入库单以及第二车间领用半成品单据，计算半成品计算表，见表 6-19。

表 6-18　　甲产品（半成品）成本计算单

第一车间　　单位：元

项　目	产量（件）	直接材料费	直接人工费	制造费用	合计
月初在产品成本（定额成本）		72 000	8 400	6 800	87 200
本月生产费用		96 000	17 800	15 000	128 800
合　计		168 000	26 200	21 800	216 000
完工半成品转出	1 200	120 000	19 800	17 800	157 600
月末在产品定额成本		48 000	6 400	4 000	58 400

表 6-19　　半成品明细账

月份	月初余额		本月增加		合计			本月减少	
	数量（件）	实际成本（元）	数量（件）	实际成本（元）	数量（件）	实际成本（元）	单位成本（元）	数量（件）	实际成本（元）
5	400	64 000	1 200	157 600	1 900	221 600	116.63	1 500	174 945
6	300	56 000							

表 6-20

第二车间　　　　　　　　　　　　　　　　　　　　　　　　　单位:元

项　　目	产量(件)	直接材料费	直接人工费	制造费用	合计
月初在产品(定额成本)		48 500	1 800	1 200	51 500
本月费用		198 000	20 400	38 000	256 400
合计		246 500	22 200	39 200	307 900
产成品转出	800	205 000	19 600	28 200	252 800
单位成本		540	60	120	720

b. 平行结转分步法

平行结转分步法也称不计算半成品成本分步法。它是指在计算各步骤成本时,不计算各步骤所产半成品的成本,也不计算各步骤所耗上一步骤的半成品成本,而只计算本步骤发生的各项其他成本,以及这些成本中应计入产成品的份额,将相同产品的各步骤成本明细账中的这些份额平行结转、汇总,即可计算出该种产品的产成品成本。

产品生产成本在完工产品和在产品之间的分配:

采用平行结转分步法,每一生产步骤的生产成本也要在其完工产品与月末在产品之间进行分配。但是完工产品是指企业最后完成的产成品;在产品是指各步骤未加工完成的在产品和各步骤已完工但尚未最终完成的产品。

优点:简化加速成本计算工作,不需进行成本还原。

缺点:不能提供各步骤半成品的成本资料,不便于进行在产品的实物管理和资金管理。

102. 预算成本节约额

预算成本节约额计算公式为:

预算成本节约额＝实际产量预算责任成本－实际责任成本

预算成本节约率＝预算成本节约额/实际产量预算责任成本×100%

【例6-31】 富春公司内部某车间为成本中心，生产甲产品，预算产量4 000件，单位成本190元，实际产量5 400件，成本178元，那么该成本中心的考核指标计算为：

预算成本节约额＝190×5 400－178×5 400

＝64 800(元)

预算成本节约率＝64 800÷(190×5 400)×100%

＝64 800÷1 026 000

＝6.31%

103. 总投资收益率

总投资收益率是投资中心获得的利润与投资额的比率，计算公式为：

$$总投资收益率=\frac{年息税前利润或年均息税前利润}{项目总投资}$$

投资报酬率主要说明了投资中心运用公司的每单位资产对公司整体利润贡献的大小。

104. 剩余收益

剩余收益是指投资中心的营业收益扣减营业资产按要求的最低投资报酬率计算的收益额之后的余额。计算公式为：

剩余收益＝经营利润－(经营资产×最低投资报酬率)

剩余收益指标弥补了投资报酬率指标会使局部利益与整体利益相冲

突这一不足之处，但由于其是一个绝对指标，故而难以在不同规模的投资中心之间进行业绩比较。另外，剩余收益同样仅反映当期业绩，单纯使用这一指标也会导致投资中心管理者的短视行为。

【例 6-32】 富春公司的投资报酬率，见表 6-21。

表 6-21

投资中心	利润	投资额	投资报酬率
A	280	2 000	14%
B	80	1 000	8%
全公司	360	3 000	12%

假设 A 投资中心面临一个投资额为 1 000 万元的投资机会，可获利润 131 万元，投资报酬率为 13.1%，假定公司整体的预期最低投资报酬率为 12%。

若 A 投资中心接受该投资，则 A、B 投资中心的相关数据计算见表 6-22。

表 6-22

投资中心	利润	投资额	投资报酬率
A	280+131=411	2 000+1 000=3 000	13.7%
B	80	1 000	8%
全公司	491	4 000	12.275%

A 投资中心接受新投资前的剩余收益=280−2 000×12%=40(万元)

A 投资中心接受新投资后的剩余收益=411−3 000×12%=51(万元)

CHAPTER 07

收入及分配管理公式

105. 趋势预测分析法

趋势预测分析法主要包括算术平均法、加权平均法、移动平均法、指数平滑法等。

(1)算术平均法

将若干历史时期的实际销售量或销售额作为样本值,求出其算术平均数,并将该平均数作为下期销售量的预测值。计算公式为:

$$Y=\frac{\sum X_i}{n}$$

式中:Y——预测值;

X_i——第 i 期的实际销售量;

n——期数。

算术平均法适用每月销售量波动不大的产品的销售预测。

【例 7-1】 某公司 2011～2018 年的产品销售量资料,见表 7-1。

表 7-1 **2011～2018 年销量表** 单位:吨

年　度	2011	2012	2013	2014	2015	2016	2017	2018
销售量	3 250	3 300	3 150	3 350	3 450	3 500	3 400	3 600

要求:根据以上资料,用算术平均法预测公司 2019 年的销售量。

预测销售量(Y)=(3 250+3 300+3 150+3 350+3 450+3 500+

3 400＋3 600)/8＝3 375(吨)

(2)加权平均法

将若干历史时期的实际销售量或销售额作为样本值，将各个样本值按照一定的权数计算得出加权平均数，并将该平均数作为下期销售量的预测值。计算公式为：

$$Y=\sum_{i=1}^{n}W_iX_i$$

式中：Y——预测值；

W_i——第 i 期的权数($0<Wi\leqslant Wi+1<1$，且 $\sum Wi=1$)；

X_i——第 i 期的实际销售量；

n——期数。

【提示】权数的确定——按照“近大远小”原则确定。

加权平均法较算术平均法更为合理，计算也较方便，在实践中应用较多。

【例 7-2】 沿用例【7-1】资料，假设 2011～2018 年各期数据的权数分别为：

表 7-2 单位：吨

年　度	2011	2012	2013	2014	2015	2016	2017	2018
销售量	3 250	3 300	3 150	3 350	3 450	3 500	3 400	3 600
权　数	0.04	0.06	0.08	0.12	0.14	0.16	0.18	0.22

要求：根据上述资料，采用加权平均法预测公司 2019 年的销售量。

预测的销售量(Y)＝3 250×0.04＋3 300×0.06＋3 150×0.08＋3 350×0.12＋3 450×0.14＋3 500×0.16＋3 400×0.18＋3 600×0.22＝3 429(吨)

(3)移动平均法

移动平均法是从 n 期的时间数列销售量中选取 m 期（m 数值固定，且 $m<n/2$）数据作为样本值，求其 m 期的算术平均数，并不断向后移动计算观测期平均值，以最后一个 m 期的平均数作为未来第 $n+1$ 期销售预测值的一种方法。

$$Y_{n+1}=\frac{X_{n-(m-1)}+X_{n-(m-2)}+\cdots+X_{n-1}+X_n}{m}$$

为了使预测值更能反映销售量变化的趋势，可以对上述结果按趋势值进行修正，其计算公式为：

修正移动平均法的计算公式为：$\bar{Y}_{n+1}=Y_{n+1}+(Y_{n+1}-Y_n)$

【提示】修正移动平均法，题目中会给出上期预测值。预测结果为本期预测值（移动平均法）的基础上加上本期预测值（移动平均法）与上期预测值（移动平均法）之差。

由于移动平均法只选用了 n 期数据中的最后 m 期作为计算依据，故而代表性较差。

此法适用于销售量略有波动的产品预测。

【例 7-3】 沿用【例 7-1】 中的资料，假定公司预测前期（2018 年）的预测销售量为 3 475 吨，要求分别用移动平均法和修正的移动平均法预测公司 2019 年的销售量（假设样本期为 3 期）。

①根据移动平均法的计算公式，公司 2019 年的预测销售量为：

$$\text{预测销售量}(Y_{n+1})=\frac{X_{n-(m-1)}+X_{n-(m-2)}+\cdots+X_{n-1}+X_n}{m}=3\ 500(\text{吨})$$

②根据修正的移动平均法计算公式，公司 2019 年的预测销售量为：

$$\begin{aligned}\text{修正后的预测销售量}(Y_{n+1})&=Y_{n+1}+(Y_{n+1}-Y_n)\\&=3\ 500+(3\ 500-3\ 475)\\&=3\ 525(\text{吨})\end{aligned}$$

(4)指数平滑法

指数平滑法实质上是一种加权平均法，是以事先确定的平滑指数 α 及$(1-\alpha)$作为权数进行加权计算，预测销售量的一种方法。

计算公式为：

$$Y_{n+1}=\alpha X_n+(1-\alpha)Y_n$$

式中：Y_{n+1}——未来第 $n+1$ 期的预测值；

Y_n——第 n 期预测值，即预测前期的预测值；

X_n——第 n 期的实际销售量，即预测前期的实际销售量；

α——平滑指数；

n——期数。

一般的，平滑指数的取值通常在 0.3～0.7 之间。

采用较大的平滑指数，预测值可以反映样本值新近的变化趋势；采用较小的平滑指数，则反映了样本值变动的长期趋势。

【提示】 在销售量波动较大或进行短期预测时，可选择较大的平滑指数；在销售量波动较小或进行长期预测时，可选择较小的平滑指数。

【例 7-4】 沿用【例 7-1】中的资料，2018 年实际销售量为 3 600 吨，假设原预测销售量为 3 475 吨，平滑指数 $a=0.5$。用指数平滑法预测公司 2019 年的销售量。

根据指数平滑法的计算公式，公司 2019 年的预测销售量为：

$$\begin{aligned}\text{预测销售量 } Y_{n+1}&=aX_n+(1-a)Y_n\\&=0.5\times 3\,600+(1-0.5)\times 3\,475\\&=3\,537.5(\text{吨})\end{aligned}$$

106. 以成本为基础的定价方法

在企业成本范畴中，基本上有三种成本可以作为定价基础，即变动成本、制造成本和全部成本费用。

全部成本费用加成定价法就是在全部成本费用的基础上，加合理利润定价。在考虑税金的情况下，有关计算公式为：

◆成本利润率定价

$$成本利润率=\frac{预测利润总额}{预测成本总额}\times 100\%$$

$$单位产品价格=\frac{单位成本\times(1+成本利润率)}{1-适用税率}$$

◆销售利润率定价

$$销售利润率=\frac{预测利润总额}{预测销售总额}\times 100\%$$

$$单位产品价格=\frac{单位成本}{1-销售利润率-适用税率}$$

上式中，单位成本是指单位全部成本费用，可以用单位制造成本加上单位产品负担的期间费用来确定。

【例 7-5】 春兰公司生产甲产品，预计单位产品的制造成本为 120 元，计划销售 20 000 件，计划期间费用总额为 160 000 元，该产品适用的消费税税率为 5%。成本利润率必须达到 20%。根据上述资料，运用全部成本费用加成定价法测算的单位甲产品的价格应为：

$$单位甲产品价格=\frac{(120+\frac{160\ 000}{20\ 000})\times(1+20\%)}{1-5\%}$$

$$=161.68(元)$$

107. 保本点定价法

保本点定价法的基本原理是按照刚好能够保本的原理来制定产品销售价格，能够保持既不盈利也不亏损的销售价格水平，采用这一方法确定的价格是最低销售价格，计算公式为：

$$单位产品价格=\frac{固定成本+单位变动成本}{1-适用税率}=\frac{单位定金成本}{1-适用税率}$$

【例 7-6】 春兰公司生产乙产品，本期计划销售量为 20 000 件，应负担的固定成本总额为 900 000 元，单位变动成本为 100 元，适用消费税税率为 5%。根据上述资料，运用保本定价法测算的单位乙产品的价格应为：

$$单位乙产品价格=\frac{\frac{900\ 000}{20\ 000}+100}{1-5\%}=152.63(元)$$

108. 目标利润法

目标利润是指企业在预定时期内应实现的利润水平。目标利润定价法是根据预期目标利润和产品销售量、产品成本、适用税率等因素来确定产品销售价格的方法。计算方式公式为：

$$单位产品价格=\frac{目标利润总额+完全成本总额}{产品销量\times(1-适用税率)}$$

【例 7-7】 春兰公司生产丙产品，本期计划销售量为 10 000 件，目标利润总额为 360 000 元，完全成本总额为 480 000 元，适用的消费税税率为 5%。根据上述资料，运用目标利润法测算的单位丙产品的价格应为：

$$单位丙产品价格=\frac{360\ 000+480\ 000}{10\ 000\times(1-5\%)}=88.42(元)$$

109. 变动成本定价法

变动成本定价法是指企业生产能力有剩余的情况下增加生产一定数量的产品所应分担的成本。计算公式为：

$$单位产品价格=\frac{单位变动成本\times(1+成本利润率)}{1-适用税率}$$

【例 7-8】 春兰公司生产 D 产品，设计生产能力为 50 000 件，计划生产 40 000 件，预计单位产品的变动成本为 1 000 元，计划期的固定成本费用总额为 8 000 000 元，该产品适用的消费税税率为 5%，成本利润率必须达到 30%。假定本年度接到一额外订单，订购 10 000 件 D 产品，单价 1 450 元。

$$计划内单位D产品价格=\frac{\left[\frac{8\ 000\ 000}{40\ 000}+1\ 000\times(1+30\%)\right]}{1-5\%}$$

$$=1\ 642.11(元)$$

追加生产 10 000 件的单件变动成本为 1 000 元，则：

计划外单位D产品价格$=\frac{1\ 000\times(1+30\%)}{1-5\%}=1\ 368.42$(元)

因为额外订单单价高于其按变动成本计算的价格，故应接受这一额外订单。

110. 需求价格弹性系数定价法

在其他条件不变的情况下，某种产品的需要量随其价格的升降而变动的程度，就是需求价格弹性系数。

$$E=\frac{\Delta Q/Q_0}{\Delta P/P_0}$$

式中：E——某种单位产品的需求价格弹性系数；

ΔP——价格变动量；

ΔQ——需求变动量；

P_0——基期单位产品价格；

Q_0——基期需求量。

价格确定的计算公式：

$$P=\frac{P_0Q_0^{1/|E|}}{Q^{1/|E|}}$$

式中：P_0——基期单位产品价格；

Q_0——基期销售数量；

E——需求价格弹性系数；

P——单位产品价格；

Q——预计销售数量；

$\frac{1}{|E|}$——需求价格弹性系数绝对值的倒数。

【例7-9】 春兰公司生产销售某产品，2019年前三个季度中，实际销售价格和销售数量见表7-5。若企业在第四季度要完成5 000件的销售任务，那么销售价格应为多少？

表 7-3　　　　　　　　　　　　　　**2019 年前三个季度资料**

项目	第一季度	第二季度	第三季度
销售价格(元)	450	520	507
销售数量(件)	4 850	4 350	4 713

根据上述资料，产品的销售价格计算过程为：

$$E_1=\frac{(4\ 350-4\ 850)/4\ 850}{(520-450)/450}=-0.66$$

$$E_2=\frac{(4\ 713-4\ 350)/4\ 350}{(507-520)/520}=-3.34$$

$$E=\frac{E_1+E_2}{2}=\frac{-0.66-3.34}{2}=-2$$

$$|E|=2$$

$$P=\frac{P_0Q_0^{1/|E|}}{Q^{1/|E|}}=\frac{507\times 4\ 713^{(1/2)}}{5\ 000^{(1/2)}}=492.23(元)$$

即第四季度要完成 5 000 件的销售任务，其单位产品的销售价格为 492. 23 元。

111. 每股收益分析法

计算各方案的每股收益，选择每股收益最高的方案。

$$\frac{(\overline{EBIT}-I_1)(1-T)}{MN_1}=\frac{(\overline{EBIT}-I_2)(1-T)}{N_2}$$

$$\overline{EBTI}=\frac{I_1\cdot N_2-I_2\cdot N_1}{N_2-N_1}$$

(1)当 EBIT 大于每股利润无差别点的 EBIT 时，负债筹资较好；

(2)当 EBIT 小于每股利润无差别点的 EBIT 时，股票筹资较好；

(3)当 EBIT 等于每股利润无差别点的 EBIT 时，两种筹资一样。

也可以用每股收益无差别点销售额来分析判断。

【例 7-10】 万能资源开发公司目前资本结构为：资本总额 600 万元，其中债务资本 200 万元（年利息 20 万元），普通股股本 400 万元，每股面值 1 元，400 股普通股在外，目前市场价每股 5 元。债务利息率 10%，所得税率 20%，公司由于扩大业务追加筹资 200 万元，有两种筹资方案：

甲方案：全部发行普通股 50 万股。

乙方案：向银行贷款取得所需资本 200 万元，因风险增加银行要求的利息率为 15%。

采用方案甲，筹资后的每股收益为：

$$\frac{(\overline{\text{EBIT}}-20)\times(1-20\%)}{400+50}=\frac{(\overline{\text{EBIT}}-20-200\times15\%)\times(1-20\%)}{400}$$

得：$\dfrac{(\overline{\text{EBIT}}-20)\times80\%}{450}=\dfrac{(\overline{\text{EBIT}}-50)\times80\%}{400}$

$\overline{\text{EBIT}}=290$（万元）

112. 公司价值分析法

公司价值分析法充分考虑资金的时间价值，以公司市场价值为标准，进行资本结构优化。

计算公式为：

$$V=S+B$$

式中：V——公司价值；

B——债务资金价值；

S——权益资本价值。

假设公司各期的 EBIT 保持不变，债务资金的市场价值等于其面值，权益资本的市场价值可通过下式计算：

$$S=\frac{(\text{EBIT}-\text{I})(1-T)}{K_S}$$

且：$K_S=R_S=R_f+\beta(R_m-R_f)$

即：$K_w=k_b\dfrac{B}{V}(1-T)+K_s\dfrac{S}{V}$

【例 7-11】 春兰公司息税前利润为 3 000 000 元，债务资金 1 200 000元，税前债务利息率为 6%，所得税税率为 25%。假设无风险报酬率 6%，证券市场平均报酬率为 10%，β 系数为 1.5。则公司价值为多少？

$$K_S = R_S = 6\% + 1.5 \times (10\% - 6\%) = 12\%$$

$$V = \frac{(\text{EBIT} - I)(1 - T)}{K_s} + B$$

$$= \frac{[3\,000\,000 - (1\,200\,000 \times 6\%)](1 - 25\%)}{12\%} + 1\,200\,000$$

$$= 18\,300\,000 + 1\,200\,000$$

$$= 19\,500\,000(\text{元})$$

113. 期望投资收益率

期望投资收益率计算公式如下：

$$\bar{E} = \sum_{i=1}^{n} X_i P_i$$

式中：$\bar{E}$——预期收益率；

X_i——表示情况 i 可能出现的收益率；

P_i——表示情况 i 可能出现的概率。

【例 7-12】 向阳公司有 A、B 两个投资项目，两个投资项目的收益率及其概率分布情况，见表 7-4。

表 7-4　A 项目和 B 项目投资收益率和概率分布

项目实施情况	该种情况出现的概率		投资收益率	
	项目 A	项目 B	项目 A	项目 B
好	0.4	0.4	14%	25%

续上表

项目实施情况	该种情况出现的概率		投资收益率	
	项目 A	项目 B	项目 A	项目 B
一般	0.7	0.3	8%	20%
差	0.5	0.2	10%	−10%

项目 A 的期望投资收益率＝0.4×14%＋0.7×8%＋0.5×10%

＝0.056＋0.056＋0.05

＝16.2%

项目 B 的期望投资收益率＝0.4×25%＋0.3×20%＋0.2×(−10%)

＝0.1＋0.06−0.02

＝14%

114. 股票价值

股票的价值是指其预期的未来现金流入的现值，又称为“股票的内在价值”，是股票的真实价值。

1. 股票估价的基本模型

购入股票预期未来现金流入包括两部分：每期预期股利和出售时得到的价格收入。

$$V_S=\sum_{t=1}^{\infty}\frac{D_t}{(1+R_s)^t}$$

式中：V_S——目前普通股市价；

D_t——t 年的股利；

R_s——折现率即必要的收益率。

2. 常用的股票估价模式

(1)固定增长模式

如果公司本期的股利为 D_0，未来各期的股利按上期股利的 g 速度呈几何级数增长，根据股票估价基本模型，股票价值V_S为：

$$P_0=\frac{D_0(1+g)}{R_S-g}=\frac{D_1}{R_S-g}$$

【例 7-13】 假设某投资者准备购买甲公司的股票，并且准备长期持有，要求达到12%的收益率，该公司每股股利0.8元，预计未来股利会以9%的速度增长，则甲股票的价值为：

$$V_S=\sum_{i=1}^{\infty}\frac{D_o(1+g)^t}{(1+R_s)^t}=\frac{0.8\times(1+9\%)}{12\%-9\%}=29.07(\text{元})$$

(2)零增长模式

如果公司未来各期发放的股利相等，并且投资者准备永久持有，那么这种股票与优先股是相类似的，计算公式为：

$$Vs=\frac{D}{R_s}$$

【例 7-14】 接上例，如果$g=0$，A股票的价值为：

$$Vs=0.8\div12\%=6.67(\text{元})$$

(3)阶段性增长模式

对于阶段性增长的股票，需要分段计算，才能确定股票的价值。首先，计算高速增长期股利现值

第n期：$D_n=D_o\times(1+\text{收益率}\%)$

第$n+1$期：$D_{n+1}=D_n\times(1+\text{收益率}\%)$

第$n+2$期：$D_{n+2}=D_{n+1}\times(1+\text{收益率}\%)$

其次，正常增长期股利在第$n+3$年末现值

$$D_{n+3}=\frac{D_{n+2}}{R_s-g}$$

最后计算该股票的现值：

$$V=D_{n+3}\times(P/F,i,n+3)+D_n+D_{n+1}+D_{n+2}$$

三阶段的增长模型正是将股票内在价值，表达为红利三阶段增长之和。式中右边的三项分别对应于股利增长的三个阶段。

【例 7-15】 假定某投资者准备购买B公司的股票，打算长期持有，要求达到12%的收益率。B公司每股股利0.6元，预计未来3年股利以15%的速度高速增长，而后以9%的速度转入正常增长。则B股票的价

值分两阶段计算，如图 7-1 所示。

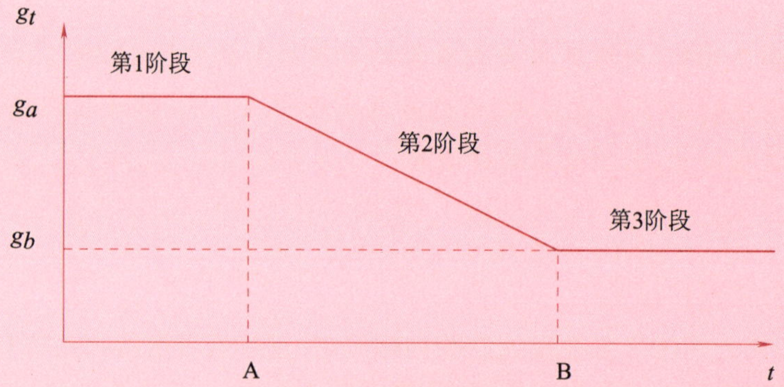

图 7-1　三阶段股利增长模型

表 7-5　**分阶段股利计算表**

年份	股利	现值系数(12%)	股利现值
1	0.6×(1+15%)=0.69	0.893	0.616 2
2	0.69×(1+15%)=0×7 935	0.797	0.634 2
3	0.793 5×(+15%)=0.912 5	0.712	0.649 7
合计	1.898 3(元)		

其次，正常增长期股利在第三年末的现值：

$$V_3=\frac{D_4}{R_s-g}=\frac{0.912\,5\times(1+9\%)}{12\%-9\%}=33.154\,2(\text{元})$$

最后，计算股票的价值

$$V_0=33.154\,2\times0.712+1.898\,3=25.51(\text{元})$$

115. 股利分配

(1)剩余股利政策

剩余股利是指公司在有良好的投资机会时，根据目标资本结构，测算出投资所需的权益资本额，先从盈余中留用，将剩余的盈余作为股利来分配，即净利润首先满足公司的资金需求，如果还有剩余，就派发股利，如果没有，则不派发股利。剩余股利政策适用于公司初创阶段。

计算公式如下：

分配股利＝净利润－下一年投资方案所需的自有资金额

【例 7-16】 春兰公司 2017 年度实现的净利润为 1 000 万元，分配现金股利 550 万元，提取盈余公积 450 万元（所提盈余公积均已指定用途）。2018 年实现的净利润为 900 万元（不考虑计提法定盈余公积的因素）。2019 年计划增加投资，所需资金为 700 万元。假定公司目标资本结构为自有资金占 60%，借入资金占 40%。

①2019 年投资方案所需的自有资金额＝700×60%＝420（万元）

2019 年投资方案所需从外部借入的资金额＝700－420＝280（万元）

②在保持目标资本结构的前提下，执行剩余股利政策：

2018 年应分配的现金股利＝900－420＝550（万元）

（2）固定或稳定增长的股利政策

固定或稳定增长的股利政策是指公司将每年派发的股利额固定在某一特定水平或是在此基础上维持某一固定比率逐年稳定增长。公司只有在确信未来盈余不会发生逆转时才会宣布实施固定或稳定增长的股利政策。

计算公式为：

应付股利＝固定股利×（1＋增长的百分比）

【例 7-17】 立帆公司 2018 年获得 1 500 万元净利润，其中 300 万元用于支付股利。在过去三年中，净利润增长率一直保持在 10%。2019 年净利润为 1 800 万元，则

应付股利＝300×（1＋10%）＝330（万元）

（3）固定股利支付率

固定股利支付率政策是指公司将每年的某一固定百分比作为股利派给股东，这一百分比通常称为股利支付率。固定股利支付率政策适用于处于发展并且财务状况也比较稳定的公司。

计算公式为：

固定股利支付率＝净利润×固定股利支付率

【例 7-18】 宏盛公司执行固定股利支付率政策，2018 年度实际净利润3 450万元，固定股利支付率为 25%。则 2018 年应该支付的现金股利是多少。

2018 年应支付的现金股利＝3 450×25%＝862.5(万元)

(4)低正常股利加额外股利政策

公司事先设定一个较低的正常股利额，每年除了按正常股利额向股东发放股利外，还在公司盈余较多、资金较为充实的年度向股东额外发放股利。低正常股利加额外股利政策适用于那些盈利随着经济周期而波动较大的公司或者盈利与现金流量很不稳定的公司。

【例 7-19】 立帆公司 2018 年获得 1 500 万元净利润，其中 300 万元用于支付股利。在过去三年中，净利润增长率一直保持在 10%。2019 年净利润为 1 800 万元，2019 年公司预期将有 1 200 万元的投资机会。2019 年公司的目标负债率为 40%，未来将维持在此水平。

超额股利＝1 800－300×(1＋10%)－1 200×60%＝750(万元)

(5)股票股利

股票股利是公司以增发股票的方式所支付的股利。股票股利会影响公司所有者权益、股票数量、每股市价、每股收益。计算公式为：

发放股票股利后的普通股股数＝目前普通股股数×发放比例

【例 7-20】 立帆公司 2018 年实现的净利润为 500 万元，资产合计为 5 600万元，当前每股市价为 10 元。年终利润分配前股东权益项目资料见表 7-6。

表 7-6 **股东权益项目资料** 单位：万元

股本——普通股(每股面值 4 元，200 万股)	800
资本公积	320
未分配利润	1 680
所有者权益合计	2 800

该公司计划每 10 股送 1 股的方案发放股票股利，股票股利的金额按市价计算，计算完成这一分配方案后的股东权益各项目数额，以及每股收益和每股净资产。

发放股票股利后的普通股股数＝200＋(200÷10)＝220(万股)

发放股票股利后的普通股股本＝4×220＝880(万元)

发放股票股利后的未分配利润＝1 680－200×10％×10＝1 480(万元)

发放股票股利后的资本公积＝320＋20×(10－4)＝440(万元)

发放股票股利后的所有者权益总额＝2 800(万元)

每股收益＝500/220＝2.27(元)

每股净资产＝2 800/220＝12.73(元)

(6)股票分割

股票分割又称拆股，即将一股股票拆分成多股股票的行为。股票分割能降低股票价格，向市场和投资者传递“公司发展前景良好”的信号，有助于提高投资者对公司股票的信心。计算公式为：

分割后的股数＝分割前普通股股数

【例 7-21】 立帆公司 2018 年实现的净利润为 500 万元，资产合计为 5 600万元，当前每股市价为 10 元。年终利润分配前股东权益项目资料，见表 7-7。

表 7-7　　股东权益项目资料　　单位：万元

股本——普通股(每股面值 4 元，200 万股)	800
资本公积	320
未分配利润	1 680
所有者权益合计	2 800

该公司计划每 1 股分割为 4 股。

分割后公司总股数＝200×4＝800(万股)

每股收益＝500/800＝0.63(元)

每股净资产＝2 800/800＝3.5(元)

116. 股票内部收益率

股票的内部收益率，是使得股票未来现金流量贴现值等于目前的购买价格时的贴现率，也就是股票投资项目的内含报酬率。计算公式为：

$$R=\frac{D_1}{P_0+g}$$

股票投资内部收益率由两部分构成：一部分是预期股利收益率，另一部分是股利增长率。

如果投资者转让股票，则股票投资的收益由股利收益和资本利得构成。这时，股票内部收益率 R 是使股票投资净现值为零时的贴现率，计算公式为：

$$\mathrm{NPV}=\sum_{t=1}^{n}\frac{Dt}{(1+R)^t}+\frac{Pt}{(1+R)^n}-P_0=0$$

【例 7-22】 张三 2016 年 5 月购入甲公司股票 1 000 股，每股购价 3.2 元；甲公司于 2017、2018、2019 年分别派分现金股利 0.25 元/股、0.32 元/股、0.45 元/股；张三 2019 年 5 月以每股 3.5 元的价格售出，则甲股票内在收益率为：

$$\mathrm{NPV}=\frac{0.25}{1+R}+\frac{0.32}{(1+R)^2}+\frac{0.45}{(1+R)^3}+\frac{3.5}{(1+R)^3}-3.2=0$$

当 $R=12\%$时，$\mathrm{NPV}=45.35$

当 $R=14\%$时，$\mathrm{NPV}=-34.21$

用插值法计算：$R=12\%+2\%\times\frac{45.35}{45.38+34.21}=13.14\%$

117. 证券资产组合预期收益率

预期收益率也称期望投资收益率，是在未来收益不确定的情况下，按估计的各种可能收益率水平及其发生的概率计算的加权平均数。计算公式如下：

$$E(R)=\sum W_i\times E(R_i)$$

其中，$E(R)$为预期收益率；W_i 表示可能出现的概率。

【例 7-23】 荆城公司股票的历史收益率数据见表 7-8。用算术平均值计算该股票的预期收益率。

表 7-8 各年股票预期收益率

年度	1	2	3	4	5	6
收益率	23%	12%	30%	20%	5%	10%

收益率的期望值或预期收益率 E(R)＝(23%＋12%＋30%＋20%＋5%＋10%)÷6＝16.67%

118. 每股收益

每股收益即每股盈利(EPS)，又称每股税后利润、每股盈余，指税后利润与股本总数的比率。

每股收益计算公式为：

基本每股收益＝归属于普通股股东的净利润÷当期发行在外普通股的加权平均数

其中：发行在外普通股的加权平均数＝期初发行在外普通股股数＋当期新发行普通股股数×已发行时间÷报告期时间－当期回购普通股股数×已回购时间÷报告期时间

【例 7-24】 春兰上市公司 2018 年度归属于普通股东的净利润为 55 000万元，2017 年年末的股本为 10 000 万股，2018 年 4 月 7 日，经公司 2017 年度股东大会决议，以截止 2017 年末公司总股本为基础，向全体股东每 10 股送红股 10 股，工商注册登记变更完成后公司总股本变为 20 000万股。2018 年 11 月 29 日发行新股本 9 000 万股。则：

$$基本每股收益=\frac{55\ 000}{10\ 000+10\ 000+9\ 000\times\frac{1}{12}}=2.65(元/股)$$

119. 每股股利

每股股利是企业股利总额与普通股股数的比值，计算公式为：

每股股利＝现金股利总额÷期末发行在外的普通股股数

【例 7-25】 某上市公司 2018 年度发放普通股股利 7 200 万元，年末发行在外的普通股股数为 10 000 万股。每股股利计算如下：

$$每股股利=\frac{72\ 000\ 000}{100\ 000\ 000}=0.72(元)$$

120. 市盈率

市盈率是股票每股市价与每股收益的比率，反映普通股股东为获得 1 元净利润所愿意支付的股票价格。计算公式为：

$$市盈率=\frac{每股市价}{每股收益}$$

【例 7-26】 承【例 7-15】，假设 2018 年年末每股市价 14.4 元，每股收益为 0.72 元，则该公司 2018 年年末市盈率计算如下：

$$市盈率=\frac{14.4}{0.72}=20(倍)$$

很显然，股票的市盈率与股价成正比，与每股净收益成反比。股票的价格越高，则市盈率越高；而每股净收益越高，市盈率则越低。

121. 每股净资产

每股净资产又称每股账面价值，是指企业期末净资产与期末发行在外的普通股股数之间的比率。计算公式为：

$$每股净资产=\frac{期末净资产}{期末发生在外的普通股股数}$$

【例 7-27】 春兰公司 2018 年年末股东权益为 27 720 万元，全部为普通股，年末发行在外的普通股股数为 19 800 万股。则每股净资产计算公式：

$$每股净资产=\frac{27\ 720}{19\ 800}=1.4(元)$$

每股净资产指标反映了在会计期末每一股份在企业账面上到底值多少钱，它与股票面值、发行价值、市场价值有较大的差距。

122. 普通股市净率

市净率是每股市价与每股净资产的比率，是投资者用以衡量、分析个股是否具有投资价值的工具之一。市净率的计算公式如下：

$$市净率=\frac{每股市价}{每股净资产}$$

【例 7-28】 承【例 7-27】资料，假设该上市公司 2×14 年年末每股市价为 7 元，则该公司 2×14 年年末市净率计算公式如下：

$$市净率=\frac{7}{1.4}=5(倍)$$

一般来说，市净率较低的股票，投资价值较高；反之，则投资价值较低。

CHAPTER 08

财务报表分析项目公式

123. 比较分析法

比较分析法是通过对比两期或连续数期财务报告中的相同指标，确定其增减变动的方向、数额和幅度，来说明企业财务状况或经营成果变动趋势的一种方法。

计算公式为：

$$定基动态比率=\frac{分析期数额}{固定基期数额}\times 100\%$$

$$环比动态比率=\frac{分析期数额}{前期数额}\times 100\%$$

需要注意的是：①用于对比的各个时期的指标，其计算口径必须保持一致；②应剔除偶发项目的影响，使分析所利用的数据能反映正常的生产经营状况；③应运用例外原则对某项有显著变动的指标作重点分析，研究其产生的原因，以便采取对策，趋利避害。

124. 比率分析法

比率分析法是通过计算各种比率指标来确定财务活动变动程度的方法。

◆构成比率$=\frac{\text{某个组成部分数值}}{\text{总体数值}}\times 100\%$

◆效率比率$=\frac{\text{所费}}{\text{所得}}\times 100\%$

◆相关比率是以某个项目和与其有关但又不同的项目加以对比所得的比率，反映有关经济活动的相互关系。

需要注意的是，利用比率分析法要注意对比项目的相关性；对比口径的一致性；衡量标准的科学性。

【例 8-1】 春兰公司上年营业收入净额为 6 900 万元，全部资产平均余额为 2 760 万元，流动资产平均余额为 1 104 万元；本年营业收入净额为 7 938 万元，全部资产平均余额为 2 940 万元，流动资产平均余额为1 323 万元。

①上年全部资产周转率=6 900/2 760=2.5(次)

②本年全部资产周转率=7 938/2 940=2.7(次)

③上年流动资产周转率=6 900/1 104=6.25(次)

④本年流动资产周转率=7 938/1 323=6(次)

⑤上年资产结构=(1 104/2 760)×100%=40%

⑥本年资产结构=(1 323/2 940)×100%=45%

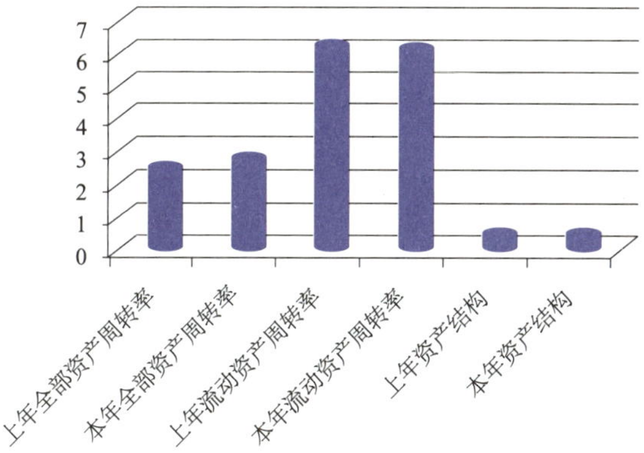

125. 营运资金

营运资金是指流动资产超过流动负债的部分。

计算公式为：

营运资金＝流动资产－流动负债

为便于说明，本章各项财务指标的计算，将主要采用春兰公司作为例子，该公司的资产负债表、利润表见表 8-1、表 8-2。

表 8-1　　资产负债表

编制单位：春兰公司　　2018 年 12 月 31 日　　单位：万元

资产	年末余额	年初余额	负债和所有者权益	年末余额	年初余额
流动资产：			流动负债：		
货币资金	260	135	短期借款	310	235
以公允价值计量且其变动计入当期损益的金融资产	40	70	以公允价值计量且其变动计入当期损益的金融负债	0	0
应收票据	50	65	应付票据	35	30
应收账款	2 000	1 005	应付账款	510	555
预付账款	70	30	预收款项	60	30
应收利息	0	0	其他应付款	240	145
应收股利	0	0	应付职工薪酬	90	105
其他应收款	120	120	应交税费	55	70
存　货	605	1 640	应付股利	0	0
一年内到期的非流动资产	235	0	应付利息	55	35
其他流动资产	210	65	一年内到期的长期负债	260	0
流动资产合计	3 590	3 130	其他流动负债	25	35
非流动资产：			流动负债合计	1 640	1 240
可供出售金融资产	0	0	非流动负债：		
持有至到期投资	0	0	长期借款	2 260	1 235
长期应收款	0	0	应付债券	1 210	1 310
长期股权投资	160	235	其他非流动负债	360	385

续上表

资产	年末余额	年初余额	负债和所有者权益	年末余额	年初余额
固定资产	6 190	4 775	非流动负债合计	3 830	2 930
在建工程	100	185	负债合计	5 470	4 170
无形资产	100	120	所有者权益：		
递延所得税资产	35	85	实收资本	3 000	3 000
其他非流动资产	25	0	资本公积	90	60
非流动资产合计	6 610	5 470	盈余公积	380	210
其他长期资产：			未分配利润	1 260	1 160
			所有者权益合计	4 730	4 430
资产合计	10 200	8 600	负债和所有者权益合计	10 200	8 600

表 8-2　　利润表

编制单位:春兰公司　　2018 年度　　单位:万元

项　目	本年金额	上年金额
一、营业收入	15 010	14 260
减:营业成本	13 230	12 525
营业税金及附加	150	150
销售费用	120	110
管理费用	240	210
财务费用	560	490
加:公允价值变动净收益	110	190
投资净收益	210	130
二、营业利润	1 030	1 095
加:营业外收入	60	95
减:营业外支出	110	35
三、利润总额	980	1 155
减:所得税	330	385
四、净利润	650	770

营运资金＝流动资产－流动负债

【例 8-2】 根据春兰公司的财务报表数据，计算营运资金。

本年度营运资金＝3 590－1 640＝1 950(万元)

上年度营运资金＝3 130－1 240＝1 890(万元)

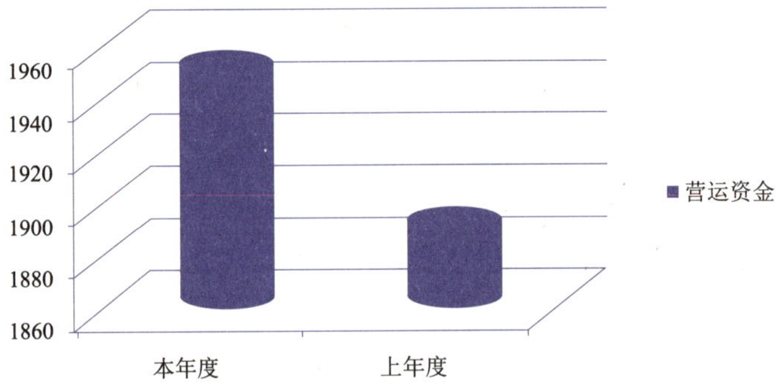

126. 流动比率

流动比率是企业流动资产与流动负债之比。

计算公式为：

流动比率＝流动资产÷流动负债

流动比率表明每 1 元流动负债有多少流动资产作为保障，流动比率越大通常短期偿期能力越强。一般认为，生产企业合理的最低流动比率是 2。需要说明的是，流动比率高不意味着短期偿债能力一定很强；计算出来的流动比率，只有和同行业平均流动比率、本企业历史流动比率进行比较，才能知道这个比率是高还是低。

【例 8-3】 根据表 8-1 的资料，则春兰公司流动比率为：

年初流动比率＝3 130÷1 240＝2.524

年末流动比率＝3 590÷1 640＝2.189

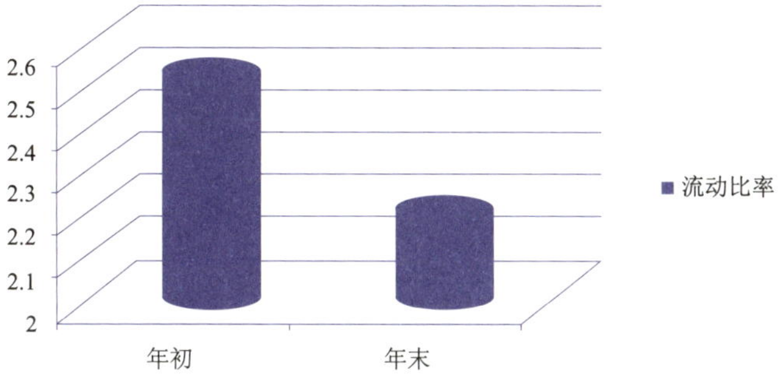

127. 速动比率

速动比率是企业速动资产与流动负债之比，计算公式为：

速动比率＝速动资产÷流动负债

速动资产是指可以在较短时间内变现的资产，包括货币资金、以公允价值计量且其变动计入当期损益的金融资产、各种应收、预付款项等。而其他的流动资产如存货、待摊费用、一年内到期的非流动资产、其他流动资产则属于非速动资产。两个比率都是来衡量一公司的短期偿债能力的，都是越大表示短期偿债能力越好，但并不是越大对公司越好，太大的话则表明该公司没有很好的利用财务杠杆，减小了资金的使用效率。应该使流动比率和速动比率维持在不使货币资金闲置的水平。另外，速动比率要比流动比率更能表现一个公司的短期偿债能力。因为，存货、待摊费用之类的非速动资产并不能保证在短期能很快兑现。而影响速动比率可信的重要因素只是应收账款的变现能力。但也不能认为速动比率较低的企业的流动负债到期绝对不能偿还。

速动资产＝货币资金＋交易性金融资产＋应收账款＋应收票据

＝流动资产－存货－预付账款－待处理流动资产损失

【例 8-4】 根据表 8-1 的资料，春兰公司年初速动资产为 1 395 万元(135＋70＋65＋1 005＋120)，年末速动资产为 2 470 万元(260＋40＋50

＋2 000＋120)。则春兰公司流动比率为：

年初速动比率＝1 395÷1 240＝1.13

年末速动比率＝2 470÷1 640＝1.51

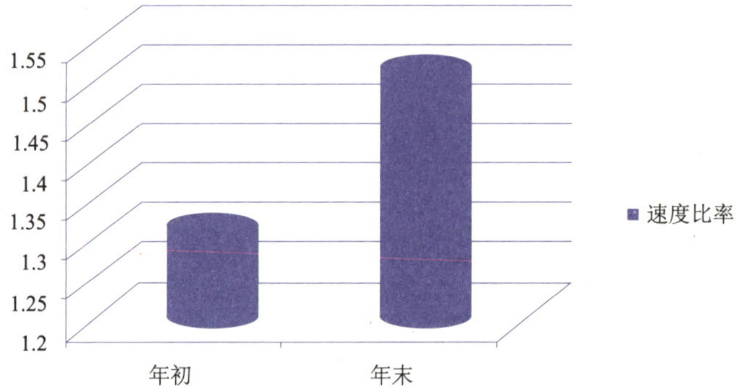

128. 现金比率

现金资产包括货币资金和以公允价值计量且其变动计入当期损益的金融资产等，现金资产与流动负债的比值称为现金比率。计算公式为：

现金比率＝(货币资金＋以公允价值计量且其变动计入当期损益的金融资产)÷流动负债

速动资产扣除应收账款后计算出来的金额，最能反映企业直接偿付流动负债的能力。现金比率一般认为20%以上为好。但这一比率过高，就意味着企业流动负债未能得到合理运用，而现金类资产获利能力低，这类资产金额太高会导致企业机会成本增加。

【例8-5】 根据表8-1资料，春兰公司的现金比率为：

年初现金比率＝(135＋70)÷1 240＝0.165

年末现金比率＝(260＋40) ÷1 640＝0.183

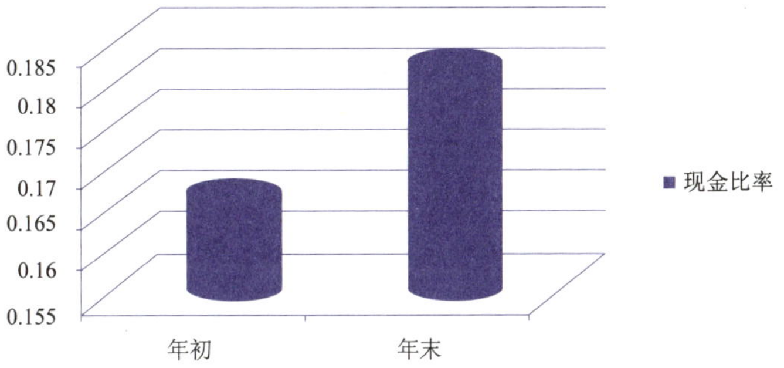

春兰公司虽然流动比率和速动比率都比较高，但现金比率偏低，说明该公司短期偿债能力还是有一定风险的，应缩短应收账款，加大应收账款催账力度，以加速应收账款资金的周转。

129. 资产负债率

资产负债率是企业负债总额与资产总额之比。计算公式为：

资产负债率=(负债总额÷资产总额)×100%

从积极的角度来看，资产负债率普遍偏低，表明公司的财务成本较低，风险较小，偿债能力强，经营较为稳健，对于投资行为的态度比较慎重。但是，也有专业人士认为，资产负债率的普遍偏低说明企业的经营趋于谨慎。从会计的角度来看，资产负债率过低或过高均属不太正常，如果过低则表明企业的经营非常保守或对于自己的行业看淡。一般情况下，欧美国家的资产负债率是55%左右，日本、韩国则为75%。

【例8-6】 根据表8-1的资料，春兰公司的资产负债率为：

年初资产负债率=4 170÷8 600×100%=48.49%

年末资产负债率=5 470÷10 200×100%=53.63%

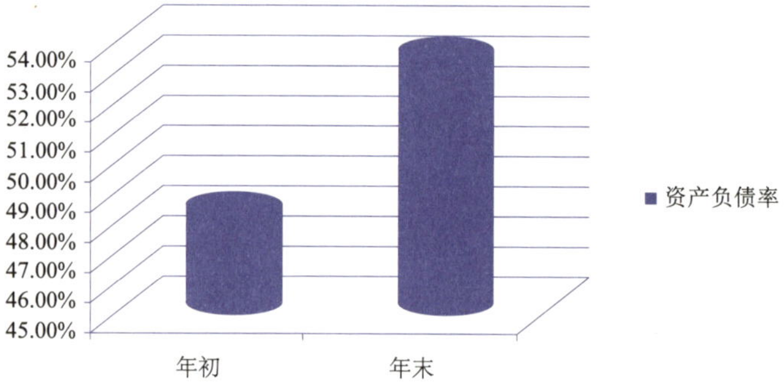

130. 产权比率

产权比率是负债总额与所有者权益总额的比率，是为评估资金结构合理性的一种指标。一般来说，产权比率可反映股东所持股权是否过多，或者是尚不够充分等情况，从另一个侧面表明企业借款经营的程度。

产权比率的计算公式：

产权比率＝(负债总额÷所有者权益总额)×100％

产权比率不仅反映了由债务人提供的资本与所有者提供的资本的相对关系，而且反映了企业自有资金偿还全部债务的能力，因此它又是衡量企业负债经营是否安全有利的重要指标。一般来说，这一比率越低，表明企业长期偿债能力越强，债权人权益保障程度越高，承担的风险越小，一般认为这一比率为1∶1，即100％以下时，应该是有偿债能力的，但还应该结合企业的具体情况加以分析。当企业的资产收益率大于负债成本率时，负债经营有利于提高资金收益率，获得额外的利润，这时的产权比率可适当高些。产权比率高，是高风险、高报酬的财务结构；产权比率低，是低风险、低报酬的财务结构。

【例8-7】 根据表8-1资料，春兰公司的产权比率为：

年初产权比率＝4 170÷4 430×100％＝94.13％

年末产权比率=5 470÷4 730×100%=115.64%

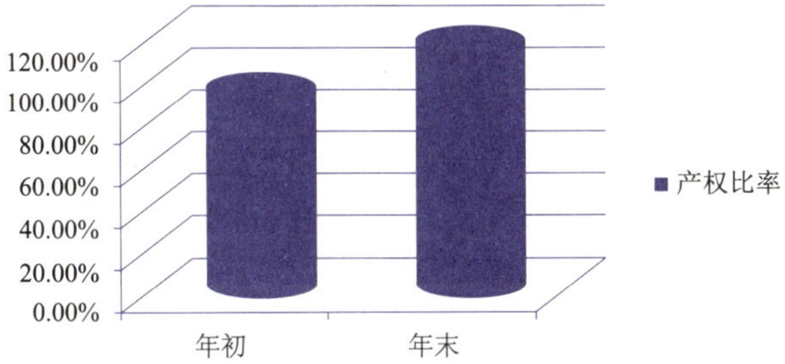

131. 权益乘数

权益乘数又称股本乘数，是指资产总额相当于股东权益的倍数。表示企业的负债程度，权益乘数越大，企业负债程度越高。

$$权益乘数=\frac{总资产}{所有者权益总额}=\frac{负债总额+所有者权益总额}{所有者权益总额}=1+产权比率$$

$$或：权益乘数=\frac{总资产}{总资产-负债总额}=\frac{1}{\frac{总资产-负债总额}{总资产}}=\frac{1}{1-资产负债率}$$

【例 8-8】 根据表 8-1 资料，春兰公司的权益乘数为：

年初权益乘数=8 600÷4 430=1.94

年末权益乘数=10 200÷4 730=2.16

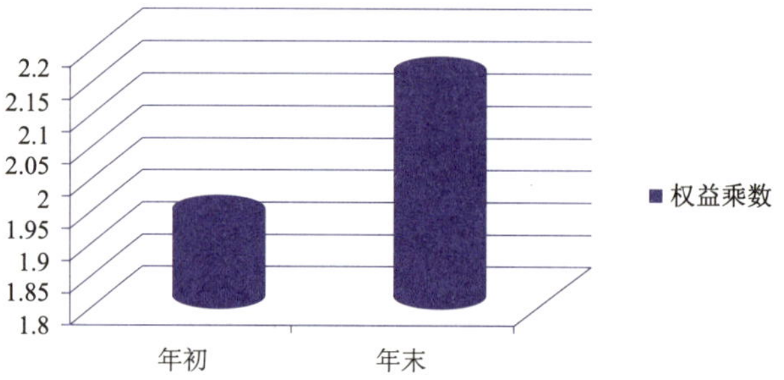

132. 利息保障倍数

利息保障倍数是指一个企业每期获得的收益与支付的固定利息费用之间的倍数关系，即从所借款债务中获得的收益是所需支付债务利息费用的倍数，收益此利息的倍数越大，企业偿还债务利息的能力必然越强，通常也就有能力偿还到期的债务本金。

利息保障倍数指标可以用来衡量企业所获得的收益承担应支付利息费用的能力，也用以分析企业的长期偿债能力。其公式为：

利息保障倍数＝息税前利润÷利息支出

＝(净利润＋利润表中的利息费用＋所得税)÷利息支出

【例 8-9】 根据表 8-2 资料，假定表中财务费用全部为利息费用，资本化利息为 0，则春兰公司利息保障倍数为：

上年利息保障倍数＝(1 155＋490)÷490＝3.36

本年利息保障倍数＝(980＋560)÷560＝2.75

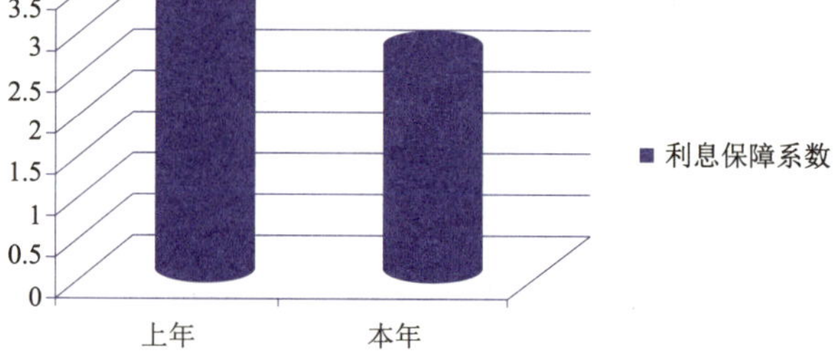

从长远角度分析，一家企业的利息保障倍数至少要大于1，否则企业就不能举债经营。利息保障倍数大于1，表明可供支付利息费用的收益大于需要支付的利息费用；如果该指标小于1，则表明可供支付利息费用的收益不足以支付利息费用，也就没有能力支付所发生的利息费用。从短期内分析，一家企业的利息保障倍数指标有可能低于1，但企业支付利息费用可能不存在问题。这是因为企业的一些费用项目在当期是不需要支付现金的，例如企业的折旧费用、低值易耗品摊销等，由于这些不需要支付现金的费用存在，使得企业在短期内尽管利息保障倍数低于1，但支付利息仍然不存在问题。

133. 应收账款周转率

公司的应收账款在流动资产中具有举足轻重的地位。公司的应收账款如能及时收回，公司的资金使用效率便能大幅提高。应收账款周转率就是反映公司应收账款周转速度的比率。它说明一定期间内公司应收账款转为现金的平均次数。用时间表示的应收账款周转速度为应收账款周转天数，也称平均应收账款回收期或平均收现期。它表示公司从获得应收账款的权利到收回款项、变成现金所需要的时间。

$$应收账款周转率(次)=\frac{营业收入}{平均应收账款余额}$$

平均应收账款余额＝(应收账款余额年初数＋应收账款余额年末数)÷2

应收账款周转天数是指应收账款周转一次(从销售开始到收回现金)所需要的时间，计算公式为：

应收账款周转天数＝计算期天数÷应收账款周转次数
＝计算期天数×应收账款平均余额÷销售收入净额

一般来说，应收账款周转率越高越好，表明公司收账速度快，平均收账期短，坏账损失少，资产流动快，偿债能力强。与之相对应，应收账款周转天数则是越短越好。如果公司实际收回账款的天数越过了公司规定的应收账款天数，则说明债务人拖欠时间长，资信度低，增大了发生坏账损失的风险；同时也说明公司催收账款不力，使资产形成了呆账甚至坏账，造成了流动资产不流动，这对公司正常的生产经营是很不利的。但从另一方面说，如果公司的应收账款周转天数太短，则表明公司奉行较紧的信用政策，付款条件过于苛刻，这样会限制企业销售量的扩大，特别是当这种限制的代价（机会收益）大于赊销成本时，会影响企业的盈利水平。

134. 存货周转率

在流动资产中，存货所占比重较大，存货的流动性将直接影响企业的流动比率。因此，必须特别重视对存货的分析。存货流动性的分析一般通过存货周转率来进行。

存货周转率（次数）是指一定时期内企业销售成本与存货平均资金占用额的比率，是衡量和评价企业购入存货、投入生产、销售收回等各环节管理效率的综合性指标。其意义可以理解为一个财务周期内，存货周转的次数。

> 存货周转率（次数）＝销货成本÷存货平均余额
> 其中：存货平均余额＝（期初存货＋期末存货）÷2
> 存货周转天数＝计算期天数÷存货周转率（次数）
> ＝计算期天数×平均存货余额÷销货成本

一般来讲，存货周转速度越快（即存货周转率或存货周转次数越大、存货周转天数越短），存货占用水平越低，流动性越强，存货转化为现金或应收账款的速度就越快，这样会增强企业的短期偿债能力及获利能力。通过存货周转速度分析，有利于找出存货管理中存在的问题，尽可能降低资金占用水平。

【例 8-10】 根据表 8-1、表 8-2 资料，春兰公司 2018 年度销售成本为 13 230万元，期初存货为 1 640 万元，期末存货为 605 万元，该公司存货周转率指标为：

$$存货周转次数=\frac{13\ 230}{(1\ 640+605)\div 2}=11.79(次)$$

存货平均余额＝(期初存货＋期末存货)÷2

存货周转天数＝计算期天数÷存货周转次数

＝360÷11.79＝30.53(天)

存货周转率反映了企业销售效率和存货使用效率。在正常情况下，如果企业经营顺利，存货周转率越高，说明企业存货周转得越快，企业的销售能力越强。营运资金占用在存货上的金额也会越少。

135. 流动资产周转率

流动资产周转率指企业一定时期内主营业务收入净额同平均流动资产总额的比率，流动资产周转率是评价企业资产利用率的另一重要指标。

计算公式如下：

流动资产周转率(次)＝销售收入净额÷流动资产平均余额×100%

流动资产周转天数＝计算期天数÷流动资产周转次数

＝计算期天数×流动资产平均余额÷销售收入净额

式中：流动资产平均余额＝(流动资产年初数＋流动资产年末数)÷2

【例 8-11】 根据表 8-1、表 8-2 资料，春兰公司 2018 年销售收入净额 15 010万元，2018 年流动资产期初数为 3 130 万元，期末数为 3 590 万元，则该公司流动资产周转指标计算如下：

$$流动资产周转次数=\frac{15\ 010}{(3\ 130+3\ 590)\div 2}=4.47(次)$$

流动资产周转天数=360÷4.47=80.53(天)

流动资产周转率反映了企业流动资产的周转速度，是从企业全部资产中流动性最强的流动资产角度对企业资产的利用效率进行分析，以进一步揭示影响企业资产质量的主要因素。要实现该指标的良性变动，应以主营业务收入增幅高于流动资产增幅作保证。通过该指标的对比分析，可以促进企业加强内部管理，充分有效地利用流动资产，如降低成本、调动暂时闲置的货币资金用于短期投资创造收益等，还可以促进企业采取措施扩大销售，提高流动资产的综合使用效率。一般情况下，该指标越高，表明企业流动资产周转速度越快，利用越好。在较快的周转速度下，流动资产会相对节约，相当于流动资产投入的增加，在一定程度上增强了企业的盈利能力；而周转速度慢，则需要补充流动资金参加周转，会形成资金浪费，降低企业盈利能力。

136. 固定资产周转率

反映固定资产营运能力的指标为固定资产周转率。固定资产周转率是指企业年销售收入净额与固定资产平均净额的比率。

计算公式为：

固定资产周转率=销售收入净额÷固定资产平均净值

固定资产周转率高，说明企业固定资产投资得当，结构合理，利用效率高；反之，如果固定资产周转率不高，则表明固定资产利用效率不高，提供的生产成果不多，企业的营运能力不强。

【例 8-12】 根据表 8-1、表 8-2 资料，春兰公司 2017 年、2018 年的销售收入净额分别为 14 260 万元、15 010 万元，2018 年年初固定资产净值 4 775万元，2018 年年末为 6 190 万元。假设 2017 年年初固定资产净值为4 000万元，则固定资产周转率计算如下：

$$2017\text{ 年固定资产周转率}=\frac{14\ 260}{(4\ 000+4\ 775)\div 2}=3.25(\text{次})$$

$$2018\text{ 年固定资产周转率}=\frac{15\ 010}{(4\ 775+6\ 190)\div 2}=2.74(\text{次})$$

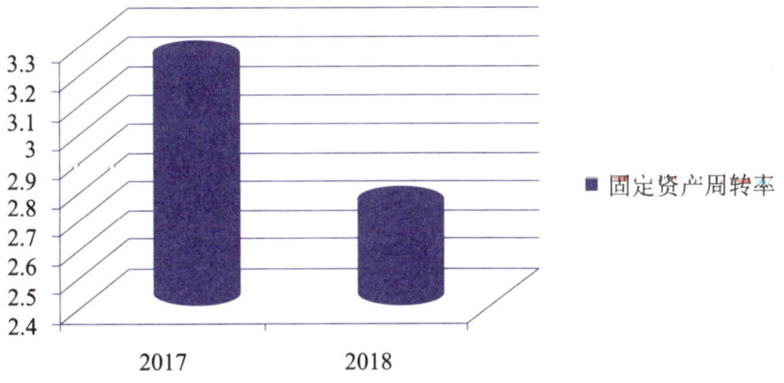

137. 总资产周转率

总资产周转率是衡量企业资产管理效率的重要财务比率，在财务分析指标体系中具有重要地位。这一指标通常被定义为销售收入与平均资产总额之比：

总资产周转率＝销售收入净额÷平均资产总额

其中：平均资产总额＝(期初总资产＋期末总资产)÷2

【例 8-13】 根据表 8-1、表 8-2 资料，春兰公司 2017 年的销售收入净额为 14 260 万元，2018 年为 15 010 万元，2018 年年初资产总额为 8 600 万元，2018 年年末资产总额为 10 200 万元。假设 2017 年年初资产总额为7 800万元，则春兰公司 2017、2018 年总资产周转率计算如下：

$$2017\text{ 年总资产周转率}=\frac{14\ 260}{(7\ 800+8\ 600)\div 2}=1.74(\text{次})$$

$$2018\text{ 年总资产周转率}=\frac{15\ 010}{(6\ 600+10\ 200)\div 2}=1.60(\text{次})$$

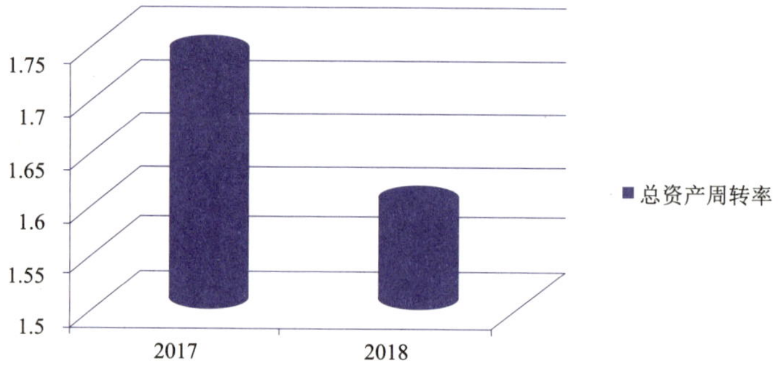

从以上计算可知，春兰公司2018年总资产周转率比上年减慢，这与前面计算分析固定资产周转速度减慢结论一致，该公司应扩大销售额，处理闲置资产，以提高资产使用效率。

138. 销售毛利率

销售毛利率是销售毛利与销售收入之比，计算公式如下：

销售毛利率＝销售毛利÷销售收入×100%

其中：销售毛利＝销售收入－销售成本

【例8-14】 根据表8-2资料，春兰公司销售毛利率如下：

2017年销售毛利率＝(14 260－12 525)÷14 260＝12.17%

2018年销售毛利率＝(15 010－13 230)÷15 010＝11.86%

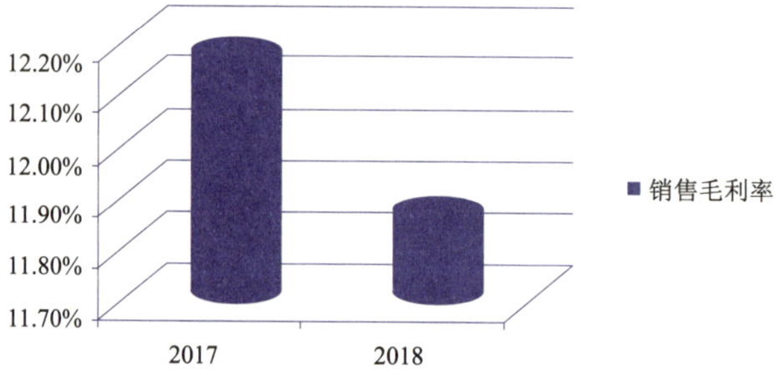

销售毛利率越高，表明产品的盈利能力越强。

139. 销售净利率

销售净利率是净利润与销售收入之比，计算公式为：

销售净利率＝净利润÷销售收入×100％

【例 8-15】 根据表 8-2 资料，计算销售净利率如下：

2017 年销售净利率＝770÷14 260＝5.40％

2018 年销售净利率＝650÷15 010＝4.33％

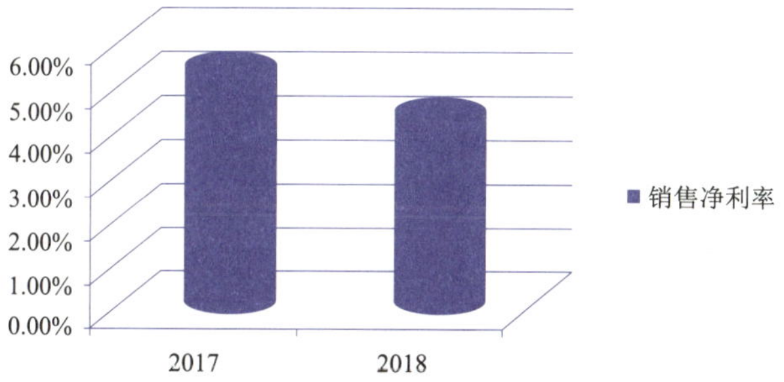

销售净利率反映每 1 元销售收入最终赚取了多少利润，用于反映产品最终的盈利能力。在利润表上，从销售收入到净利润需要扣除销售成本、期间费用、税金等项目。因此，将销售净利率按利润的扣除项目进行分解可以识别影响销售净利率的主要因素。

140. 总资产净利率

总资产净利率是指利润与平均总资产的比率，反映每 1 元资产创造的净利润。计算公式为：

总资产净利率＝(净利润÷平均总资产)×100%

$$=\frac{净利润}{平均总资产}=\frac{净利润}{销售收入}\times\frac{销售收入}{平均总资产}$$

＝销售净利率×总资产周转率

【例 8-16】 根据表 8-1、表 8-2 资料，春兰公司 2017 年净利润为 840 万元，年末总资产为 8 600 万元；2018 年净利润 650 万元，年末总资产为 10 200 万元，假设 2017 年年末总资产 6 600 万元。

2017 年总资产净利率＝840÷[(6 600＋8 600)/2] ×100%
＝11.05%

2018 年总资产净利率＝650÷[(10 200＋8 600)/2] ×100%
＝6.91%

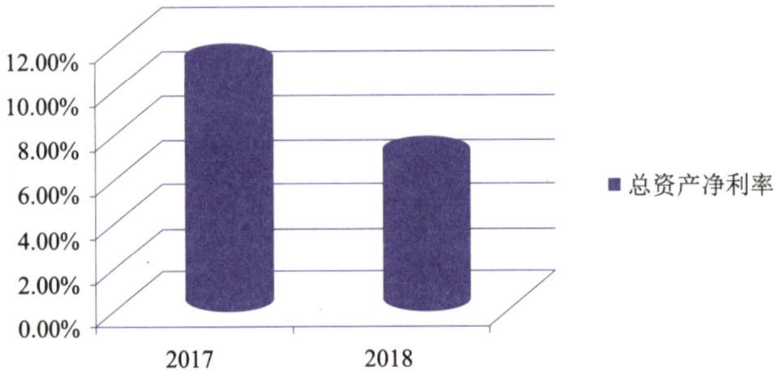

总资产净利率越高，表明企业资产的利用效果越好。

141. 净资产收益率

净资产收益率又叫权益净利率或权益报酬率，是净利润与平均所有者权益的比值，表示每 1 元股东资本赚取的净利润，反映资本经营的盈利能务。计算公式为：

净资产收益率＝(净利润÷平均所有者权益)×100%
＝资产净利率×权益乘数

【例 8-17】 奔腾公司为一家上市公司，已公布的公司 2018 年财务报告显示，该公司 2018 年净资产收益率为 4.8%，较 2017 年大幅降低。奔腾公司 2017 年和 2018 年有关财务指标，见表 8-3。

表 8-3　　相关财务指标

项　　目	2017 年	2018 年
销售净利率	12%	8%
总资产周转率(次数)	0.6	0.3
权益乘数	1.8	2

2017 年净资产权益率＝12%×0.6×1.8＝12.96%

2018 年净资产权益率＝8%×0.3×2＝4.8%

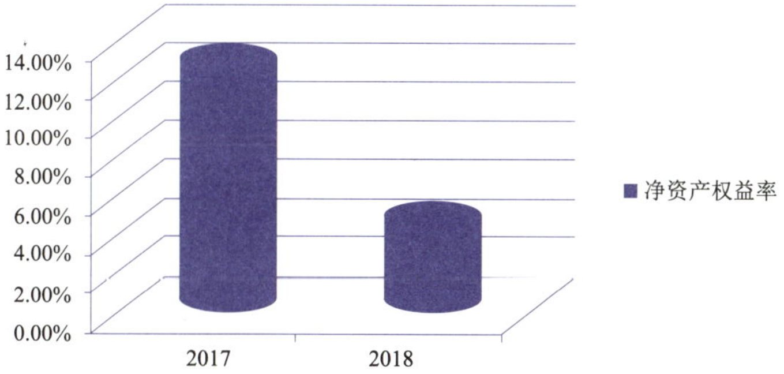

净资产收益率指标越高，说明投资带来的收益越高；净资产收益率越低，说明企业所有者权益的获利能力越弱。该指标体现了自有资本获得净收益的能力。一般来说，负债增加会导致净资产收益率的上升。

企业资产包括了两部分，一部分是股东的投资，即所有者权益(它是股东投入的股本，企业公积金和留存收益等的总和)；另一部分是企业借入和暂时占用的资金。企业适当地运用财务杠杆可以提高资金的使用效率，借入的资金过多会增大企业的财务风险，但一般可以提高盈利，借入的资金过少会降低资金的使用效率。净资产收益率是衡量股东资金使用效率的重要财务指标。

142. 销售收入增长率

销售收入增长率反映的是销售收入增长情况，是衡量企业经营状况和市场占有能力、预测企业经营业务拓展趋势的重要指标。计算公式为：

销售收入增长率＝本年销售收入增长额÷上年销售收入×100％

其中：本年销售收入增长额＝本年销售收入－上年销售收入

【例 8-18】 根据表 8-2 资料，春兰公司 2017 年销售收入为 12 300 万元，2018 年销售收入为 15 010 万元。则春兰公司销售收入增长率为：

2018 销售收入增长率＝(15 010－12 300)÷12 300×100％

＝22.03％

143. 总资产增长率

总资产增长率是企业本年资产增长额同年初资产总额的比率，反映企业本期资产规模的增长的情况。计算公式为：

总资产增长率＝本年资产增长额÷年初资产总额×100％

其中：本年资产增长额＝年末资产总额－年初资产总额

【例 8-19】 天水公司 2017 年销售收入为 15 800 万元，2018 年销售收入为 17 800 万元。则销售收入增长率为：

2018 年销售收入增长率＝(17 800－15 800)/15 800＝12.66％

144. 营业利润增长率

营业利润增长率是企业本年营业利润增长额与上年营业利润总额的比率，反映企业营业利润的增减变动情况。计算公式为：

营业利润增长率＝本年营业利润增长额÷上年营业利润总额×100%

其中：本年营业利润增长额＝本年营业利润－上年营业利润

【例 8-20】 博达公司 2017 年营业利润为 1 450 万元，2018 年营业利润为 1 600 万元，则：

2018 年博达公司营业利润增长率＝(1 600－1 450)÷1 450×100%
＝10.34%

145. 资本保值增值率

资本保值增值率是指所有者权益的期末总额与期初总额之比，计算公式为：

资本保值增值率＝期末所有者权益÷期初所有者权益×100%
＝扣除客观因素后的年末所有者权益总额÷年初所有者权益总额

【例 8-21】 博达公司 2018 年财务报表有关资料，见表 8-4。

表 8-4 单位：万元

资产负债表项目	年初数	年末数
资产	8 000	10 000
负债	4 500	6 000
所有者权益	3 500	4 000
利润表项目	上年数	本年数
销售收入净额	（略）	20000
净利润	（略）	500

2018 年资本保值增值率＝4 000/3 500×100%＝114.28%

146. 销售现金比率

销售现金比率是指企业经营活动现金流量净额与企业销售额的比值。计算公式为：

销售现金比率＝经营活动现金流量净额÷销售收入

【例 8-22】 假设春兰公司销售收入为 17 800 万元，经营活动现金流量净额为 4 876.45 万元，则：

销售现金比率＝4 876.45÷17 800＝0.27

该比率反映每元销售收入得到的现金流量净额，其数值越大越好。

147. 每股营业现金净流量

每股营业现金净流量是通过企业经营现金流量净额与普通股股数之比来反映的。计算公式为：

每股营业现金净流量＝经营活动现金流量净额÷普通股股数

【例 8-23】 接上例，春兰公司有普通股 80 000 万股，则：

每股营业现金净流量＝4 876.45÷80 000＝0.61(元/股)

每股营业现金净流量指标反映企业最大的分派股利，超过此限度，可能就要借款分红。

148. 全部资产现金回收率

全部资产现金回收率是通过企业经营活动现金流量净额与企业平均总资产之比来反映的，它说明企业全部资产产生现金能力。计算公式为：

全部资产现金回收率＝经营活动现金流量净额÷平均总资产×100％

【例 8-24】 假设博达公司平均总资产为 68 000 万元，经营活动现金流量净额 3 487.9 万元，则：

全部资产现金回收率＝3 487.9÷68 000×100％＝5.13％

如果同行业平均全部资产现金回收率为 6％，说明博达公司资产产生现金的能力较弱。

149. 净收益营运指数

净收益营运指数是指经营净收益与净利润之比，计算公式为：

净收益营运指数＝经营净收益÷净利润

其中，经营净收益＝净利润－非经营净收益

【例 8-25】 假设宏泰有限公司有关现金流量补充资料，见表 8-5。

表 8-5　　　　　　　　宏泰有限公司现金流量补充资料　　　　　　　单位：万元

补充资料	金额	说明
将净利润调节为经营活动现金流量：		
净利润	4 000	非付现费用共 3 885.8（15.8 ＋ 1 480 ＋ 1 040 ＋ 1 350）万元，可增加会计收益却不会增加现金流入，会使收益质量下降
加：计提的资产减值准备	15.8	
固定资产折旧	1 480	
无形资产摊销	1 040	
长期待摊费用摊销	1 350	
处置固定资产、无形资产和其他长期资产的损失（减：收益）	−840	非经营收益 463（−840＋412＋435−470）万元，不代表正常的收益能力
固定资产报废损失	412	
财务费用	435	
投资损失（减：收益）	−470	
递延所得税资产减少（减：增加）	0	
存货的减少（减：增加）	90	经营资产增加 704（90－794）万元，如收益不变而现金减少，收益质量下降（收入未收到现金），应查明应收项目增加的原因
经营性应收项目的减少（减：增加）	−794	
经营性应收项目的增加（减：减少）	−870	无息负债减少 558（−870＋312）万元，收益不变而现金减少，收益质量下降
其他	312	
经营活动产生的现金流量净额	6 160.8	

根据表 8-5 的资料，宏泰有限公司收益营运指数计算如下：

经营活动产生的现金流量净额＝4 000＋15.8＋1 480＋1 040＋1 350－840＋412＋435－470＋90－794－870＋312＝6 160.8（万元）

经营活动净收益＝4 000－463＝3 537（万元）

净收益营运指数＝3 537÷4 000＝0.88

净收益营运指数越小，非经营收益所占比重越大，收益质量越差。

150. 现金营运指数

现金营运指数反映企业经营活动现金流量净额与企业经营所得现金的比值。计算公式为：

现金营运指数＝经营活动现金流量净额÷经营所得现金

经营所得现金＝经营活动净收益＋非付现费用

【例 8-26】 根据表 8-5 的资料，宏泰有限公司现金营运指数如下：

经营所得现金＝经营活动净收益＋非付现费用

＝3 537＋3 885.8＝7 422.8（万元）

现金营运指数＝6 160.8÷7 422.8＝0.83

现金营运指数＜1，说明：

（1）一部分收益尚未取得现金，停留在实物或债权形态，收益质量不好；

（2）营运资金增加，反映企业为取得同样的收益占用了更多的营运资金，取得收益的代价增加。

151. 股利支付率

股利支付率是指净收益中股利所占的比重。它反映公司的股利分配政策和股利支付能力。

其计算公式为：

股利支付率＝每股股利÷每股净收益×100％

一般来说，公司发放股利越多，股利的支付率越高，因而对股东和潜在的投资者的吸引力越大，也就越有利于建立良好的公司信誉。

由于投资者对公司的信任，会使公司股票供不应求，从而使公司股票市价上升。公司股票的市价越高，对公司吸引投资、再融资越有利。

CHAPTER 09

纳税业务计算公式

152. 增值税计税方法

增值税是对在我国境内销售货物或提供加工、修理修配劳务(以下简称应税劳务),以及进口货物的单位和个人,就其取得的货物或应税劳务的销售额,以及进口货物的金额计算税款,并实行税款抵扣制的一种税。目前,交通运输业、邮政业、房地产、建筑、金融、生活及现代服务业的增值额也纳入增值税范畴。

根据《关于深化增值税改革有关政策的公告》(财政部 税务总局 海关总署公告2019年第39号)规定:

(1)增值税一般纳税人发生增值税应税销售行为或者进口货物,原适用16%税率的,税率调整为13%;原适用10%税率的,税率调整为9%。

(2)纳税人购进农产品,原适用10%扣除率的,扣除率调整为9%。纳税人购进用于生产或者委托加工13%税率货物的农产品,按照10%的扣除率计算进项税额。

(3)原适用16%税率且出口退税率为16%的出口货物劳务,出口退税率调整为13%;原适用10%税率且出口退税率为10%的出口货物、跨境应税行为,出口退税率调整为9%。

增值税的税率,适用于一般纳税人,目前有13%、9%和6%、0共四挡税率。小规模纳税人适用3%征用率。

最新增值税税率表,见表9-1。

表9-1　最新增值税税率表

纳税人	应税行为	具体范围	增值税税率
小规模纳税人		包括原增值税纳税人和营改增纳税人,从事货物销售,提供增值税加工、修理修配劳务,以及营改增各项应税服务	征收率3%

续上表

纳税人	应税行为	具体范围				增值税税率
一般纳税人	销售商品	销售或者进口货物(另有列举的货物除外);提供加工、修理修配劳务				13%
		1.粮食、使用植物油、鲜奶				9%
		2.自来水、暖气、冷气、热气、煤气、石油液化气、天然气、沼气、居民用煤炭制品				
		3.图书、报纸、杂志;				
		4.饲料、化肥、农药、农机(整机)、农膜;				
		5.国务院规定的其他货物;				
		6.农产品(指各种动、植物初级产品);音像制品、电子出版物、二甲醚、食用盐				
		出口货物				0
	销售服务	交通运输业	陆路运输服务、水路运输服务、航 空运输服务、管道运输服务			9%
		邮政服务	邮政普遍服务(包括邮票报刊汇款)	函件	信印刷物卡邮政小包	9%
				包裹	不超 50 kg 一边不超 1.5 m,长宽高合计不超 3 m	
			邮政特殊服务	邮政特殊服务	机要、盲人读物等	
			其他邮政服务	邮册等邮品销售、邮政代理等		
		电信服务	基础电信服务	基础电信服务	语音通话、带宽等	9%
			增值电信服务	增值电信服务	短信、彩信、数据传输、互联网	6%
		建筑服务	工程服务	工程服务	新建改建	9%
			安装服务	各类设备、台梯架、电话水汽、出装费等		
			修缮服务	修缮服务	补固养改等作业	
			装饰服务	装饰服务	修饰美化	
			其他建筑服务	其他建筑服务	钻、拆、平、绿、爆、清等	

续上表

纳税人	应税行为	具体范围				增值税税率
一般纳税人	销售服务	金融服务	贷款服务	贷款	利息、及利息性收入	6%
				融资性售后回租	承租A卖给B再从B租回	
			直接收费金融服务	直接收费金融服务	其他所有相关收费项目	
			保险服务	人身保险	人	
				财产保险	财	
			金融商品转让	金融商品转让	外汇、有价证券、期货	
				其他金融商品转让	基金、信托、理财、金融衍生	
		现代服务	研发和技术服务	研发服务	新技术、工艺、产品、材料	6%
				合同能源管理服务	节能环保	
				工程勘察勘探服务	地形地质地下的实地调查	
				专业技术服务	气象地震规划测绘	
			信息技术服务	软件服务	软件开发维护测试	6%
				电路设计及测试服务	电路设计测试相关	
				信息系统服务	系统网络电脑服务器等维护	
				业务流程管理服务	人力财务审计税务等的管理	
				信息系统增值服务	数据处理分析存储等	
			文化创意服务	设计服务	图文声视传递计划构想	6%
			文化创意服务	知识产权服务	登记鉴定评估认证等	6%
				广告服务	图报杂广影视牌招等发布播映	
				会议展览服务	商品等流通展示交流综合	
			物流辅助服务	航空服务：航空地面服务	导航检查清洗消毒跑道等	6%
				航空服务：通用航空服务	航拍培训测量勘探降雨监测护林	
				港口码头服务	调度通信疏浚灯塔理货停泊清污 消毒安保	
				货运客运场站服务	装卸转运票包挂引调	

续上表

纳税人	应税行为	具体范围					增值税税率
一般纳税人	销售服务	现代服务	物流辅助服务	打捞救助服务		捞人物船水上施救	6%
				装卸搬运服务		运输工具间的搬运装卸	
				仓储服务		存放保管	
				收派服务			
			租赁服务	融资租赁服务(注意区分融资性售后回租)		有形动产融资服务	13%
						不动产融资租赁服务	9%
				经营租赁服务	有形动产经营服务	过路停车过桥费、光租干租、车机船身广告位	13%
					不动产经营租赁服务		9%
			鉴证咨询服务	认证服务		专业资质监测计量证明	6%
				鉴证服务		鉴定后出具证明	
				咨询服务		提供信息建议策划调查翻译	
			广播影视服务	广播影视节目(作品)制作服务		拍录采编写剪译字特修及确权	6%
				广播影视节目(作品)发行服务		分账买断委托等方式	
				广播影视节目(作品)播映服务		影院剧院网络电视电台等播放	
			商务辅助服务	企业管理服务		内部市场物业日常等管理	6%
				经纪代理服务		货物运输代理服务	
						代理报关服务	
				人力资源服务		劳务招聘劳力外包	
				安全保护服务		人身及财产的保护	
			其他现代服务	其他现代服务		除上以外	6%
		生活服务	文化体育服务	文化服务		创作表演图书档案文物展览等	6%
				体育服务		比赛活动训练指导管理	
			教育医疗服务	教育服务		学历和非学历、教育辅助	
				医疗服务		检查诊断治疗保健生育及使用药品器材救护车等	

续上表

纳税人	应税行为	具体范围				增值税税率
一般纳税人	销售服务	生活服务	旅游娱乐服务	旅游服务	游览食宿购物娱乐	6%
				娱乐服务	提供场所的各类娱乐	
			餐饮住宿服务	餐饮服务	提供饮食及饮食的场所	
				住宿服务	住宿及配套	
			居民日常服务	家政婚庆养老殡葬，容发按桑足浴洗摄印		
			其他生活服务	除上述意外		
	销售无形资产	技术	专利技术		所有权、使用权的转让	6%
			非专利技术			
		商标				
		著作权				
		商誉				
		其他权益性无形资产		经营权、特许、经销、分销、代理、会员、网络虚拟、肖像、转会、冠名		6%
		自然资源使用权		海域使用权、探矿权、采矿权、取水权、其他自然资源使用权		
				土地使用权		9%
	销售不动产	建筑物		转让有限产权、永久产权以及与其一并转让的土地使用权	宅房楼等可供住工作活动等	9%
		构筑物			路桥隧道水坝等	

1. 会计科目及专栏设置

增值税一般纳税人应当在“应交税费”科目下设置“应交增值税”“未交增值税”“预交增值税”“待抵扣进项税额”“待认证进项税额”“待转销项税额”“增值税留抵税额”“简易计税”“转让金融商品应交增值税”“代扣代交增值税”等明细科目。

增值税会计核算有一个典型的特征，就是一些会计科目分专栏核算，借方专栏永远只能在借方，不放到贷方核算；贷方专栏只能在贷方，不能放到借方专栏核算。遇到退货、退回或其他情况，所购货物应冲销调账的，用红字登记。具体借方、贷方专栏如图 9-1 所示。

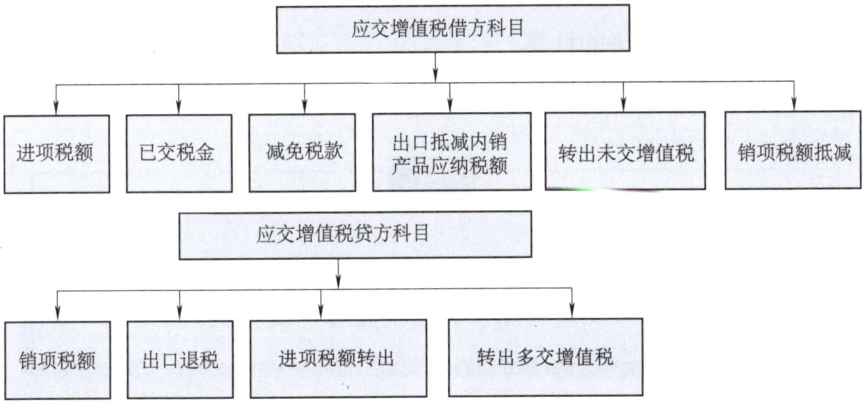

图 9-1　增值税应设子目

2. 增值税一般计税方法的计算

我国目前对一般纳税人采用的是国际上通行的购进扣税法，即当期销项税额抵扣当期进项税额后的余额。应纳税额的计算公式为：

当期应纳税额＝当期销项税额－当期进项税额

＝当期不含税销售额×适用税率－当期进项税额

【例 9-1】 亚东第一汽车有限公司销售 5 辆小汽车的销售清单及货款 1 800 000 元(小汽车每辆成本价 360 000 元。该小汽车适用消费税率 9%，增值税率 13%，城建税税率 7%，教育费附加 3%)。计算应交增值税、消费税及其他税费的金额及账务处理。以银行存款支付。

应纳增值税= 360 000×5×13%=234 000(元)

应纳消费税= 360 000×5×9%=162 000(元)

应纳城建税= 360 000×5×(9%+13%)×7%=27 720(元)

应纳教育费附加= 360 000×5×(9%+13%)×3%=11 880(元)

3. 特殊计算方法的计算

当期应交增值税=销项税额-(进项税额-进项税额转出-出口退税)-出口抵减内销产品应纳税额-减免税款

【例 9-2】 北京鑫盛有限公司为增值税一般纳税人,7 月购进货物取得增值税专用发票注明价款 220 000 元,增值税额 28 600 元,当月实现销售收入 350 000 元,销项税额 45 500 元。经企业申请,主管税务机关批准,该企业减半征收增值税 1 年。

应纳税额=(45 500-28 600)×50%=8 450(元)

153. 进项税额

纳税人购进货物或者接受应税劳务,所支付或者负担的增值税为进项税额。需要注意的是,并不是纳税人支付的所有进项税额都可以从销项税额中抵扣,下面分别介绍哪些应税项目是可以抵扣的,哪些应税项目是不可以抵扣的。

(1)准予抵扣的进项税额

准予抵扣的进项税额,如图 9-2 所示。

(2)不得抵扣的进项税额

不得抵扣的进项税额,如图 9-3 所示。

- 从销售方取得的增值税专用发票上注明的增值税额
- 从海关取得的海关进口增值税专用缴款书上注明的增值税额
- 购进农产品，除取得增值税专用发票或者海关进口增值税专用缴款书外，按照农产品收购发票或者销售发票上注明的农产品买价和13%的扣除率计算的进项税额
- 购进或者销售货物以及在生产经营过程中支付运输费用的，按照运输费用结算单据上注明的运输费用金额计算的进项税额。营改增后运输企业按适用11%的税率计算进项税额
- 准予计算进项税额抵扣的货物运费金额是指运输费用结算单据上注明的运输费用（包括铁路临管线及铁路专线运输费用）、建设基金，不包括装卸费、保险费等其他杂费

图 9-2　准予抵扣的进项税额

- 用于非增值税应税项目、免征增值税项目、集体福利或者个人消费的购进货物或者应税劳务
- 非正常损失的购进货物及相关的应税劳务
- 非正常损失的在产品、产成品所耗用的购进货物或者应税劳务
- 国务院财政、税务主管部门规定的纳税人自用消费品
- 以上第1项至第4项规定的货物的运输费用和销售免税货物的运输费用
- 小规模纳税人不得抵扣进项税额
- 进口货物，在海关计算缴纳进口环节增值税额时，不得抵扣发生在中国境外的各种税金
- 因进货退出或折让而收回的进项税额，应从发生进货退出或折让当期的进项税额中扣减
- 按简易办法征收增值税的优惠政策，不得抵扣进项税额

图 9-3　不得抵扣的进项税额

当期进项税额计算公式：

$$进项税额=不含税进价\times 增值税税率$$

不含税进价＝含税价÷(1＋增值税税率)

【例 9-3】 鑫盛有限公司 4 月份采购一批 A 材料，销售方的增值税专用发票上注明的价款 20 000 元，增值税额 2 600 元，另支付运费 1 090 元。材料已验收入库，款项已通过银行支付。

进项税额＝2 600＋1 090÷(1＋9%)×9%＝2 690(元)

154. 销项税额

《增值税暂行条例》规定：销售额为纳税人销售货物或提供应税劳务向购买方收取的全部价款和价外费用(包括增值税试点地区对一般纳税人销售额的规定)，如图 9-4 所示。

- 销售货物或提供应税劳务取自于购买方的全部价款
- 向购买方收取的各种价外费用

图 9-4　增值税销售额包括的内容

向购买方收到的各种价外费用包括：手续费、补贴、基金、集资费、返还利润、奖励费、违约金(延期付款利息)、包装费、包装物租金、储备费、优质费、运输装卸费、代收款项、代垫款项及其他各种性质的价外收费。上述价外费用无论其会计制度如何核算，都应并入销售额计税。

但上述价外费用不包括以下各项费用，如图 9-5 所示。

- 向购买方收取的销项税额
- 受托加工应征消费税的货物，而由受托方向委托方代收代缴的消费税
- 同时符合以下两个条件的代垫运费：即承运部门的运费发票开具给购货方；并且由纳税人将该项发票转交给购货方的
- 由国务院或者财政部批准设立的政府性基金，由国务院或者省级人民政府及其财政、价格主管部门批准设立的行政事业性收费
- 收取时开具省级以上财政部门印制的财政收据所收款项全额上缴财政
- 销售货物的同时代办保险等而向购买方收取的保险费，以及向购买方收取的代购买方缴纳的车辆购置税、车辆牌照费

图 9-5　价外费用不包括以上内容

在销售活动中，为了达到促销的目的，有多种销售方式，不同的销售方式下，取得的销售额会有所不同。税法对以下几种销售方式分别作了规定，见表9-2。

表9-2　　特殊销售行为销售额的认定

销售方式	销项税额的认定
采取折扣方式	(1)销售额和折扣额在同一张发票上分别注明的，可按折扣后的销售额征收增值税 (2)未在同一张发票上分别注明的，以价款为销售额，不得扣减折扣额
以旧换新方式	应按新货物的同期销售价格确定销售额，不得扣减旧货物的收购价格；但对金银首饰以旧换新业务，可以按销售方实际收取的不含增值税的全部价款征收增值税
还本销售方式	其销售额就是货物的销售价格，不得从销售额中减除还本支出
以物易以物方式	以物易物双方都应作购销处理，以各自发出的货物核算销售额，以各自收到的货物计算进销税额
直销方式	直销企业的销售额为其向消费者收取的全部价款和价外费用
试点纳税人中客运场站服务	以其取得的全部价款和价外费用，扣除政府性基金或行政事业性收费后的余额为销售额
试点纳税人提供国际货物运输代理服务	以其取得的全部价款和价外费用，扣除支付给国际运输企业的费用后的余额为销售额
视同销售货物的方式(包括试点地区纳税人)	(1)按纳税人最近时期同类货物的平均销售价格确定 (2)按其他纳税人最近时期同类货物的平均销售价格确定 (3)按组成计税价格确定。公式为： 组成计税价格＝成本×(1＋成本利润率)

销项税额计算公式如下：

销项税额＝不含税销售额×增值税税率

不含税销售额＝含税销售额÷(1＋增值税税率)

【例9-4】 科达商贸采用直接收款方式销售K商品一批，价款56 500元(含税)。货款已经收到，货物尚未发出，提货单已经交给购货方，开出增值税专用发票。K商品成本为42 000元。

将含税销售额换算为不含税销售额，即销项税额＝56 500÷(1＋13%)×13%＝6 500(元)

【例 9-5】 某企业将自己生产的空调作为节日福利发给 200 名职工，其中生产工人 170 人，管理人员 30 人。每台空调的生产成本 1 000 元，计税价格 1 400 元，则企业需要将此项业务视同销售处理，计算增值税销项税额。

销项税额＝170×1 400×13%＋30×1 400×13%＝36 400(元)

155. 出口退税

现行出口货物的增值税退税率有 13%、10%、9%、6%、0 等。

“免、抵、退”税的计算方法，见表 9-3。

表 9-3 免、抵、退税的计算方法

计算内容	公式
当期应纳税额的计算	当期应纳税额＝当期内销货物的销项税额－(当期进项税额－当期免抵退税不得免征和抵扣税额)－上期留抵税额 其中： 当期免抵退税不得免征和抵扣税额＝出口货物离岸价×外汇人民币牌价×(出口货物征税率－出口货物退税率)－免抵退税不得免征和抵扣税额和抵减额 免抵退税不得免征和抵扣税额抵减额＝免税购进原材料价格×(出口货物征税率－出口货物退税率)
免抵退税额的计算	免抵退税额＝出口货物离岸价×外汇人民币牌价×出口货物退税率－免抵退税额抵减额 其中： 免抵退税额抵减额＝免税购进原材料价格×出口货物退税率
当期应退税额和免抵税额的计算	①如当期期末留抵税额≤当期免抵退税额，则： 当期应退税额＝当期期末留抵税额 当期免抵税额＝当期免抵退税额－当期应退税额 ②如当期期末留抵税额＞当期免抵退税额，则： 当期应退税额＝当期免抵退税额 当期免抵税额＝0

【例 9-6】 新飞有限公司为自营出口的生产企业，出口货物的增值税税率为 13%，退税税率为 9%。2021 年 4 月的有关经营业务如下：购进原材料一批，取得的增值税专用发票注明的价款 2 500 000 元，外购货物准

予抵扣的进项税额350 000元通过认证。上月末留抵税款35 000元，本月内销货物不含税销售额1 200 000元，收款1 392 000元存入银行，本月出口货物的销售额折合人民币2 800 000元。试计算该企业当期的“免、抵、退”税额。

(1)当期免抵退税不得免征和抵扣税额＝2 500 000×(13%－9%)
＝100 000(元)

(2)当期应纳税额＝1 200 000×13%－(350 000－150 000)－35 000
＝156 000－200 000－35 000＝－79 000(元)

(3)出口货物“免、抵、退”税额＝2 800 000×9%＝252 000(元)

(4)按规定，如当期末留抵税额≤当期免抵退税额时：

当期应退税额＝当期期末留抵税额，即该企业当期应退税额
＝79 000(元)

(5)当期免抵税额＝当期免抵退税额－当期应退税额

当期免抵税额＝252 000－79 000＝173 000(元)

156. 小规模纳税人应纳增值税额

根据《增值税暂行条例》规定，小规模纳税人销售货物或提供应税劳务，按简易方法计算，即按销售额和规定征收率计算应纳税额，不得抵扣进项税额，同时，销售货物也不得自行开具增值税专用发票。

计算方式如下：

应纳税额＝不含税销售额×征收率(3%)

不含税销售额的换算公式如下。

不含税销售额＝含税销售额÷(1＋征收率)

小规模纳税人只需设置“应交增值税”明细科目，不需要在“应交增值税”明细科目中设置一般纳税人的专栏。

《财政部、税务总局关于延续小微企业增值税政策的通知》(财税〔2017〕76号)规定:自2018年1月1日至2020年12月31日,继续对月销售额2万元(含本数)至3万元的增值税小规模纳税人,免征增值税。

小规模纳税人增值税会计处理,见表9-4。

表 9-4　　小规模纳税人增值税会计处理

财务情景	账务处理
购入货物或接受应税劳务的会计处理	借:材料采购(原材料、制造费用、管理费用、销售费用、其他业务成本等科目) 　贷:银行存款(应付账款、应付票据等科目)
销售货物或提供应税劳务的会计处理	借:银行存款("应收账款""应收票据"等科目) 　贷:主营业务收入("主营业务收入""其他业务收入"等科目) 　　应交税费——应交增值税 　注:发生的销货退回,作相反的会计分录
缴纳增值税款的会计处理	借:应交税费——应交增值税 　贷:银行存款等科目 收到退回多缴的增值税时,作相反的会计分录。

【例9-7】 朝阳公司为小规模纳税人,当月购进原材料一批,价款30 000元,增值税5 100元。款项用银行存款支付。

另外,该企业当月销售产品一批,全部价款为61 800元,款项收到,存入银行。

不含税销售额=61 800 ÷(1+3%)=60 000(元)

应纳税额=60 000×3%=1 800(元)

157. 消费税

消费税是对我国境内从事生产、委托加工和进口,以及国务院确定的销售应税消费品的单位和个人,就其销售额或销售数量,在特定环节征收的一种税。税目和税率见表9-5。

表 9-5　　　　　　　　　　　　　　**税目和税率表**

税　　目	税　　率
一、烟	
1. 卷烟	
(1)甲类卷烟	56%加 0.003 元/支
(2)乙类卷烟	36%加 0.003 元/支
(3)批发环节	11%加 0.005 元/支
2. 雪茄烟	36%
3. 烟丝	30%
二、酒及酒精	
1. 白酒	20%加 0.5 元/500 克(或者 500 毫升)
2. 黄酒	240 元/吨
3. 啤酒	
(1)甲类啤酒	250 元/吨
(2)乙类啤酒	220 元/吨
4. 其他酒	10%
三、高档化妆品	15%
四、贵重首饰及珠宝玉石	
1. 金银首饰、铂金首饰和钻石及钻石饰品	5%
2. 其他贵重首饰和珠宝玉石	10%
五、鞭炮、焰火	15%
六、成品油	
1. 汽油	1.52 元/升
2. 柴油	1.20 元/升
3. 航空煤油	1.20 元/升
4. 石脑油	1.1 元/升
5. 溶剂油	1.52 元/升
6. 润滑油	1.52 元/升
7. 燃料油	1.2 元/升
七、摩托车	
气缸容量在 250 毫升以上的	10%

续上表

税　　目	税　　率
八、小汽车	
1. 乘用车	
(1)气缸容量(排气量,下同)在1.0升(含1.0升)以下的	1%
(2)气缸容量在1.0升以上至1.5升(含1.5升)的	3%
(3)气缸容量在1.5升以上至2.0升(含2.0升)的	5%
(4)气缸容量在2.0升以上至2.5升(含2.5升)的	9%
(5)气缸容量在2.5升以上至3.0升(含3.0升)的	12%
(6)气缸容量在3.0升以上至4.0升(含4.0升)的	25%
(7)气缸容量在4.0升以上的	40%
2. 中轻型商用客车	5%
九、高尔夫球及球具	10%
十、高档手表	20%
十一、游艇	10%
十二、木制一次性筷子	5%
十三、实木地板	5%
十四、电池	4%
十五、涂料	4%

(1)从价定率计算

应纳税额＝应税消费品的销售额×适用税率

【例9-8】 鑫美化妆品有限公司为增值税一般纳税人,7月15日向某大型商场销售一批化妆品,开具增值税专用发票,取得不含增值税销售额450 000元,增值税额72 000元;7月20日向春兰日化有限公司销售化妆品一批,开具普通发票,取得含增值税销售额56 500元。计算该化妆品生产企业上述业务应缴纳的消费税额。化妆品适用消费税税率30%。

①化妆品的应税销售额＝450 000＋56 500÷(1＋13%)＝500 000(元)

②应缴纳的消费税额＝500 000×30%＝150 000(元)

(2)从量定额计算

> 应纳税额＝应税消费品的销售数量×单位税额

【例 9-9】 绿地啤酒厂 8 月份销售啤酒 400 吨，每吨出厂价格 2 800 元。计算 8 月该啤酒厂应纳消费税税额。适用单位税额 220 元。

应纳税额＝销售数量×单位税额＝400×220＝88 000(元)

(3)从价定率和从量定额复合计算

目前，我国只对卷烟和白酒采用复合计征的方式。

> 计算公式如下：
> 应纳税额＝应税销售数量×定额税率＋应税销售额×比例税率

【例 9-10】 旺兴白酒厂为增值税一般纳税人，8 月份销售粮食白酒 60 吨，取得不含增值税的销售额 2 500 000 元。计算白酒企业 8 月应缴纳的消费税额。白酒适用比例税率 20%，定额税率 500 克 0.5 元。

应纳消费税额＝60×2 000×0.5＋250 000×20%＝110 000(元)

158. 工资、薪金所得应纳个人所得税

工资、薪金所得，是指个人因任职或者受雇而取得的工资、薪金、奖金、年终加薪、劳动分红、津贴、补贴以及与任职或者受雇有关的其他所得。

根据《中华人民共和国个人所得税法》第七次修订，自 2018 年 10 月

1 日起实施最新起征点和税率，纳税人的工资、薪金所得，先行以每月收入额减除费用 5 000 元后的余额扣除专项附加费用后为应纳税所得额，按适用税率计税，自 2019 年 1 月 1 日起施行。

（1）计征方式

允许税前扣除的项目，如图 9-6 所示。

- 以每月收入减除5 000元后的余额为应税所得
- 单位、个人缴付的“五险一金”允许扣除
- 独生子女补贴
- 执行公务员工资制度未纳入基本工资总额的补贴、津贴差额和家属成员的副食品补贴
- 托儿补助费
- 差旅费津贴、误餐补助
- 外籍人员在每月减除3 500元的基础上再减除1 300元
- 企业年金
- 专项附加扣除项目

图 9-6　允许税前扣除的项目

（2）工资、薪金所得个人所得税税率表，见表 9-6。

表 9-6　工资、薪金所得个人所得税税率表

级数	全月含税应纳税所得额	税率（%）	速算扣除数（元）
1	不超过 3 000 元的	3	0
2	超过 3 000～12 000	10	210
3	超过 12 000～25 000	20	1 410
4	超过 25 000～35 000	25	2 660
5	超过 35 000～55 000	30	4 410
6	超过 55 000～80 000	35	7 160
7	超过 80 000 元部分	45	15 160

个税计算公式：

应纳个人所得税=(工资−社会保险费、公积金−起征点)×税率−速算扣除数

其中：应纳税所得额=(工资−社会保险费、公积金−起征点)

速算扣除数的计算公式是：

本级速算扣除额=上一级最高应纳税所得额×(本级税率−上一级税率)+上一级速算扣除数

税率3%对应速算扣除数为0

税率10%对应速算扣除数为3 000×(10%−3%)+0=210(元)

税率20%对应速算扣除数为12 000×(20%−10%)+210=1 410(元)

税率25%对应速算扣除数为25 000×(25%−20%)+1 410=2 660(元)

税率30%对应速算扣除数为35 000×(30%−25%)+2 660=4 410(元)

税率35%对应速算扣除数为55 000×(35%−30%)+4 410=7 160(元)

税率45%对应速算扣除数为80 000×(45%−35%)+7 160=15 160(元)

【例9-11】 张先生9月收入10 400元，扣除“五险一金”后，每月取得工资收入9 000元，无专项附加扣除项目。税率为10%，速算扣除数为210元，那么张先生应缴纳个人所得税是多少呢？

(1)每月应纳税额=(9 000−5 000)×10%−210=190(元)

159. 企业所得税

企业所得税又称公司所得税或法人所得税，是国家对企业生产经营

所得和其他所得征收的一种所得税。

企业所得税的税率分为以下几种，如图 9-7 所示。

25%	适用于居民企业取得的各项所得；非居民企业在中国境内设立机构、场所取得的来源于中国境内的所得，以及发生在中国境外但与其所设机构、场所有实际联系的所得
20%	适用于非居民企业在中国境内未设立机构、场所的，或者虽设立机构、场所但取得与其所设机构、场所没有实际联系的的所得。但企业所得税法实施条例中同时规定，该所得实际征收过程中减按10%税率征收或有事项和资产负债表日后事项
20%	符合条件的小型微利企业，减按20%的所得税率征收
15%	国家需要重点扶持的高新技术企业，减按15%的所得税率征收

图 9-7　企业所得税税率

企业所得税的计税依据是应纳税所得额，即指企业每一纳税年度的收入总额，减除不征税收入、免税收入、各项扣除以及允许弥补的以前年度亏损后的余额。如果计算出的数额小于零，为亏损。没有所得，也就不交企业所得税了。税法规定，企业纳税年度发生的亏损，准予向以后年度结转，用以后年度的所得弥补，但结转年限最长不得超过 5 年。若大于零，即为赢利，按企业适用的税率，计算应交企业所得税。

我国计算企业所得税时，一般采用资产负债债务法。利润表中的所得税费用由两部分组成：当期所得税和递延所得税费用（或收益）。

当期所得税应当以适用的税收法规为基础计算确定。

应交所得税＝应纳税所得额×所得税税率

应纳税所得额＝会计利润＋纳税调整增加额－纳税调整减少额＋境外应税所得弥补境内亏损－弥补以前年度亏损

当期所得税＝当期应交所得税＝应纳税所得额×适用税率－减免税额－抵免税额

【例 9-12】 鑫盛有限公司为居民企业，2018 年发生经营业务如下。

(1)取得产品销售收入 48 000 000 元；

(2)发生产品销售成本 36 000 000 元；

(3)发生销售费用 8 000 000 元(其中广告费 7 500 000 元)；管理费用 2 000 000 元(其中业务招待费 800 000 元)；财务费用 700 000 元；

(4)销售税金 1 800 000 元(含增值税 1 000 000 元)；

(5)营业外收入 750 000 元，营业外支出 450 000 元(含通过公益性社会团体向贫困山区捐款 250 000 元，支付税收滞纳金 80 000 元)；

(6)A 固定资产账面价值 254 000 元，计税基础为 260 000 元，产生可抵扣暂时性差异 60 000 元。

(7)计入成本、费用中的实发工资总额 2 500 000 元、拨缴职工工会经费 80 000 元、发生职工福利费 400 000 元、发生职工教育经费 65 000 元。

根据以上业务，先计算企业会计利润总额，然后按照税法的要求，调增或调减各项费用。最后根据企业适用所得税税率，计算 2018 年度实际应纳的企业所得税。

①会计利润总额＝48 000 000＋750 000－36 000 000－8 000 000－2 000 000－700 000－(1 800 000－1 000 000)－450 000＝800 000(元)

②广告费和业务宣传费调增所得额＝7 500 000－48 000 000×15%＝7 500 000－7 200 000＝300 000(元)

③企业发生的与生产经营活动有关的业务招待费支出，按照发生额的 60%扣除，但最高不得超过当年销售（营业）收入的 0.5%。即 48 000 000×0.5%＝240 000(元)

业务招待费发生额为 800 000(元)，即 800 000×60%＝480 000(元)

业务招待费调增所得额＝800 000－240 000＝560 000(元)

④捐赠支出应调增所得额＝250 000－800 000×12% ＝154 000(元)

⑤工会经费应调增所得额＝70 000－2 500 000×2%＝20 000(元)

⑥职工福利费应调增所得额＝400 000－2 500 000×14%＝50 000(元)

⑦根据财税〔2018〕51 号《关于企业职工教育经费税前扣除政策的通知》的规定，企业发生的职工教育经费支出，不超过工资薪金总额 8%的部分，准予在计算企业所得税应纳税所得额时扣除；超过部分，准予在以

后纳税年度结转扣除。自 2018 年 1 月 1 日起执行。因此，职工教育经费扣除标准职工教育经费＝2 500 000×8％＝200 000（元），不需调整。

⑧支付税收滞纳金 80 000 元不得扣除，应调回

⑨应纳税所得额＝800 000＋300 000＋560 000＋154 000＋20 000＋50 000＋80 000＝1 964 000（元）

⑩2018 年应缴企业所得税＝1 964 000×25％＝491 000（元）

160. 境外缴纳所得税税额的抵免

税法规定，如果企业的所得已在境外缴纳的所得税税额，可以从其当期应纳税额中抵免，同时应当提供中国境外税务机关出具的税款所属年度的有关纳税凭证。

这些境外所得包括以下内容，如图 9-8 所示。

- 居民企业来源于中国境外的应税所得
- 非居民企业在中国境内设立机构、场所，取得发生在中国境外但与该机构、场所有实际联系的应税所得

图 9-8　境外所得的内容

抵免限额为该项所得依照税法规定计算的应纳税额；超过抵免限额的部分，可以在以后 5 个年度内，用每年度抵免限额抵免当年应抵税额后的余额进行抵补（前述 5 个年度，是指从企业取得的来源于中国境外的所得，已经在中国境外缴纳的企业所得税性质的税额超过抵免限额的当年的次年起连续 5 个纳税年度）。

计算公式为：

抵免限额＝中国境内、境外所得依照企业所得税法和条例规定计算的应纳税总额×来源于某国（地区）的应纳税所得额÷中国境内、境外应纳税所得总额

【例 9-13】 鑫盛有限公司 2018 年度境内应纳税所得额为 3 000 000 元,适用 25%的企业所得税税率。另外,该企业分别在甲、乙两国设有分支机构(我国与甲、乙两国已经缔结避免双重征税协定),在甲国分支机构的应纳税所得额为 600 000 元,甲国税率为 20%;在乙国的分支机构的应纳税所得额为 400 000 元,乙国税率为 30%。假设该企业在甲、乙两国所得按我国税法计算的应纳税所得额和按甲、乙两国税法计算的应纳税所得额一致,两个分支机构在甲、乙两国分别缴纳了 120 000 和 120 000 元的企业所得税。

要求:计算该企业汇总时在我国应缴纳的企业所得税税额。

①该企业按我国税法计算的境内、境外所得的应纳税额

应纳税额=(3 000 000+600 000+400 000)×25%=1 000 000(元)

②甲、乙两国的扣除限额

甲国扣除限额=1 000 000×[600 000÷(3 000 000+600 000+400 000)]=150 000(元)

乙国扣除限额=1 000 000×[400 000÷(3 000 000+600 000+400 000)]=100 000(元)

在甲国缴纳的所得税为 120 000 元,低于扣除限额 150 000 元,可全额扣除。

在乙国缴纳的所得税为 120 000 元,高于扣除限额 100 000 元,其超过扣除限额的部分 20 000 元当年不能扣除

③汇总时在我国应缴纳的所得税=1 000 000-120 000-100 000
=780 000(元)

161. 对企事业单位的承包经营、承租经营所得应纳税额

对企事业单位的承包经营、承租经营所得,是指个人承包经营、承租经营以及转包、转租取得的所得,还包括个人按月或者按次取得的工资、薪金性质的所得。

对企事业单位的承包经营、承租经营所得个人所得税税率同个体工商户的生产、经营所得个人所得税税率。

(1)适用税率

适用税率见表9-7。

表9-7　企事业承包经营、承租经营所得税率表

级数	全年应纳税所得额	税率(%)	速算扣除数
1	不超过30 000元的	5	0
2	超过30 000元至90 000元的部分	10	1 500
3	超过90 000元至300 000元的部分	20	10 500
4	超过300 000元至500 000元的部分	30	40 500
5	超过500 000元的部分	35	65 500

注:1. 本表所列含税级距与不含税级距,均为按照税法规定以每一纳税年度的收入总额减除成本、费用以及损失后的所得额;

2. 含税级距适用于个体工商户的生产、经营所得和由纳税人负担税款的对企事业单位的承包经营、承租经营所得;不含税级距适用于由他人(单位)代付税款的对企事业单位的承包经营、承租经营所得。

(2)应纳税额的计算方法

应纳税额=应纳税所得额×适用税率－速算扣除数

=(纳税年度收入总额－必要费用)×适用税率－速算扣除数

【例9-14】 2019年3月1日,邵平与某事业单位签订承包合同经营招待所,承包期为3年。2019年招待所实现承包经营利润145 000元,按合同规定承包人每年应从承包经营利润中上缴承包费35 000元,邵平每月从招待所领取工资2 000元。计算承包人2019年应纳个人所得税税额。

(1)年应纳税所得额=145 000－35 000－(2 000×10)

=90 000(元)

(2)应纳税额=90 000×10%－1 500=7 500(元)

162. 个体工商户的生产、经营所得应纳税额

个体工商户的生产、经营所得,是指:①个体工商户从事工业、手工

业、建筑业、交通运输业、商业、饮食业、服务业、修理业以及其他行业生产、经营取得的所得；②个人经政府有关部门批准，取得执照，从事办学、医疗、咨询以及其他有偿服务活动取得的所得；③其他个人从事个体工商业生产、经营取得的所得；④上述个体工商户和个人取得的与生产、经营有关的各项应纳税所得。

应纳税额的计算公式：

应纳税所得额＝收入总额（含业主工资）－（成本＋费用＋损失＋准予扣除的税金）－规定的费用扣除

准予扣除的项目，如图 9-9 所示。

- 个体工商户的生产经营所得，费用减除标准，即每月5 000元。（业主工资不能扣除）
- 公益性捐赠，捐赠额不超过其应纳税所得额30%的部分可以据实扣除，直接给受益人的捐赠不得扣除
- 个体工商户研究开发新产品、新技术、新工艺所发生的开发费用，以及研究开发“三新”而购置的单台价值在5万元以下的测试仪器和试验性装置的购置费，准予扣除；超出标准的，按固定资产管理
- 个体工商户发生的与生产经营有关的修理费用，可据实扣除。修理费用发生不均衡或数额较大的，应分期扣除
- 个体工商户按规定缴纳的工商管理费、个体劳动者协会会费、摊位费，按实际发生数扣除
- 个体工商户在生产经营过程中发生的与家庭生活混用的费用，由主管税务机关核定分摊比例，据此计算确定的属于生产经营过程中发生的费用准予扣除
- 个体工商户购入低值易耗品的支出，原则上一次摊销，但一次性购入价值较大的，应分期摊销

图 9-9　应纳税额的计算方法

不得在所得税前列支的项目，如图 9-10 所示。

- 资本性支出
- 被没收的财物、支付的罚款
- 缴纳的个人所得税、税收滞纳金、罚金和罚款
- 各种赞助支出
- 自然灾害或者意外事故损失有赔偿的部分
- 分配给投资者的股利
- 用于个人和家庭的支出
- 个体工商户业主的工资支出
- 与生产经营无关的其他支出
- 国家税务总局规定不准扣除的其他支出

图 9-10　不得在税前列支的项目

个体工商户的生产、经营所得和对企事业单位的承包经营、承租经营所得适用税率，见表 9-8。

表 9-8　**适用税率表**

级数	全年应纳税所得额(元)	税率(%)	速算扣除数(元)
1	不超过 30 000 元的	5	0
2	超过 30 000 元至 90 000 元的部分	10	1 500
3	超过 90 000 元至 300 000 元的部分	20	10 500
4	超过 30 000 元至 500 000 元的部分	30	40 500
5	超过 500 000 元的部分	35	65 500

【例 9-15】　某市大华酒家系个体经营户，经营者为李峰志，账证比较健全。2018 年 12 月取得营业额为 120 000 元，购进菜、肉、蛋、面粉、大米等原料费为 60 000 元，缴纳电费、水费、房租、煤气费等 15 000 元，缴纳其他税费合计为 6 600 元。当月支付给 4 名雇员工资共 4 800 元，业主个人

费用扣除 2 000 元。1～11 月累计应纳税所得额为 55 600 元，1～11 月累计已预缴个人所得税为 14 397.5 元。计算该个体业户 12 月份应缴纳的个人所得税。

(1)12 月份应纳税所得额

=120 000－60 000－15 000－6 600－4 800－2 000=31 600(元)

(2)全年累计应纳税所得额

= 55 600 ＋ 31 600 = 87 200 (元)

(3)12 月份应缴纳个人所得税

=87 200×10%－1 500－14 397.5=－7 177.5 (元)

163. 劳务报酬所得应纳个人所得税

劳务报酬所得属于独立个人劳动所得，是指个人从事设计、装潢、安装、制图、化验、测试、医疗、法律、会计、咨询、讲学、新闻、广播、翻译、审稿、书画、雕刻、影视、录音、录像、演出、表演、广告、展览、技术服务、介绍服务、经济服务、代办服务以及其他劳务报酬所得。

劳务报酬所得、稿酬所得、特许权使用费所得、财产租赁所得，每次收入不超过 4 000 元的，减除费用 800 元；4 000 元以上的，减除 20%的费用，其余额为应纳税所得额。

劳务报酬所得税率，见表 9-9。

表 9-9　　劳务报酬税率表

级数	全月应纳税所得额	税率(%)	速算扣除数(元)
1	不超过 20 000 元	20	0
2	超过 20 000 至 50 000 元	30	2 000
3	超过 50 000 元	40	7 000

【例 9-16】 张教授与某企业签订合同，给企业管理层讲课 5 天，讲课费 50 000 元。

则：企业代扣代缴张教授个人所得税

=50 000×(1－20%)×30%－2 000

=10 000(元)

164. 稿酬所得应纳个人所得税

稿酬所得是指个人因其作品以图书、报纸形式出版、发表而取得的所得。这里所说的"作品",是指包括中外文字、图片、乐谱等能以图书、报刊方式出版、发表的作品;个人作品包括本人的著作、翻译的作品等。个人取得遗作稿酬,应按稿酬所得项目计税。

稿酬所得以个人每次取得的收入,定额或定率减除规定费用后的余额为应纳税所得额,每次收入不超过 4 000 元,定额减除费用 800 元;每次收入在 4 000 元以上的,定率减除 20%的费用。适用 20%的比例税率,并按规定对应纳税额减征 30%,故其实际税率为 14%,计算公式为:

◆每次收入不超过 4 000 元的

应纳税额=(每次收入额-800)×20%×(1-30%)

◆每次收入在 4 000 元以上的

应纳税额=每次收入额×(1-20%)×20%×(1-30%)

【例 9-17】 李工程师 2019 年 2 月因其编著的教材出版,获得稿酬 9 000元,2019 年 6 月因教材加印又得到稿酬 4 000 元。计算该工程师稿酬应缴纳的个人所得税。

因其所得是先后取得,实际计税时应分两次缴纳税款:

(1)第一次实际缴纳税额

=9 000×(1-20%)×20% × (1-30%)

= 1 008(元)

(2)第二次实际缴纳税额

= (9 000 +4 000)×(1 -20%)×20%× (1-30%)-1 008

= 448(元)

165. 利息、股息、红利所得应纳所得税额

利息、股息、红利所得是指个人拥有债权、股权而取得的利息、股息、红利所得。

利息是指个人拥有债权而取得的利息，包括存款利息、贷款利息和各种债券利息（国债、金融债券免税，其他均应依法缴纳个人所得税）。

股息、红利是指个人拥有股权取得的利息、红利。

①利息、股息、红利所得以个人每次取得的收入额为应纳税所得额，不得从收入额中扣除任何费用。

②对个人投资者从上市公司取得的股息红利所得，自 2005 年 6 月 13 日起暂减按 50% 计入个人应纳税所得额，依照现行税法规定计征个人所得税。

③对证券投资基金从上市公司分配取得的股息红利所得，按照财税〔2005〕102 号文件规定，扣缴义务人在代扣代缴个人所得税时，减按 50% 计算应纳税所得额。

《财政部、国家税务总局关于建筑服务等营改增试点政策的通知》（财税〔2017〕58 号）规定：自 2018 年 1 月 1 日起，金融机构开展贴现、转贴现业务，以其实际持有票据期间取得的利息收入作为贷款服务销售额计算缴纳增值税。此前贴现机构已就贴现利息收入全额缴纳增值税的票据，转贴现机构转贴现利息收入继续免征增值税。

（1）应纳税所得额的确定

①一般规定：利息、股息、红利所得的基本规定是收入全额计税。

②特殊规定：个人从公开发行和转让市场取得的上市公司股票，持股期限在 1 个月以内（含 1 个月）的，其股息红利所得全额计入应纳税所得额（税负为 20%）；持股期限在 1 个月以上至 1 年（含 1 年）的，暂减按 50%计入应纳税所得额（税负为 10%）；持股期限超过 1 年的，暂减按 25%计入应纳税所得额（税负为 5%）。

（2）关于“次”的规定

以支付利息、股息、红利时取得的收入为一次。

（3）适用税率

利息、股息、红利所得适用 20%的比例税率。储蓄存款在 2008 年 10 月 9 日后（含 10 月 9 日）孳生的利息，暂免征收个人所得税。

应纳税额计算公式为：

$$应纳税额=应纳税所得额\times适用税率$$
$$=每次收入额\times 20\%$$

【例 9-18】 李先生一次取得股息 4 000 元，其应纳个人所得税税额的计算方法为：

$$应纳税额=4\ 000\times 20\%=800(元)$$

166. 特许权使用费所得

特许权使用费所得是指个人提供专利权、商标权、著作权、非专利技术以及其他特许权的使用权取得的所得；提供著作权的使用权取得的所得，不包括稿酬所得。

(1)应纳税所得额

特许权使用费所得以个人每次取得的收入，定额或定率减除规定费用后的余额为应纳税所得额。其中，每次收入是指一项特许权的一次许可使用所取得的收入。

①每次收入不超过 4 000 元的，定额减除费用 800 元；

②每次收入在 4 000 元以上的，定率减除 20%的费用。

对个人从事技术转让中所支付的中介费，若能提供有效合法凭证，允许从其所得中扣除。

(2)应纳税额的计算方法

特许权使用费所得适用 20%的比例税率，其应纳税额的计算公式为：

$$应纳税额=应纳税所得额\times适用税率$$

【例 9-19】 王先生 2019 年 1 月出让其一项专利权，取得收入 50 000 元，则：

应纳税所得额＝50 000×(1－20%)＝40 000(元)

应纳税额＝40 000×20%＝8 000(元)

167. 财产所得应纳税额

1. 财产租赁

财产租赁所得是指个人出租建筑物、土地使用权、机器设备、车船以及其他财产取得的所得。

(1)计税规定

①以一个月内取得的收入为一次。

②每次收入不超过 4 000 元，定额减除费用 800 元。

③每次收入在 4 000 元以上，定率减除 20%的费用。

④房屋、建筑物修缮费用每次以 800 元为扣除上限。同时考虑减除缴纳的营业税、城建税、教育费附加。

(2)适用税率

财产租赁所得适用 20%的比例税率。但对个人按市场价格出租的居民住房取得的所得，自 2001 年 1 月 1 日起暂减按 10%的税率征收个人所得税。其应纳税额的计算公式为：

应纳税额＝应纳税所得额×适用税率

个人出租财产取得的财产租赁收入，在计算缴纳个人所得税时，应依次扣除以下费用：

①财产租赁过程中缴纳的税费；

②纳税人负担的该出租财产实际开支的修缮费用(允许扣除的修缮费用，以每次 800 元为限，一次扣除不完的，准予在下一次继续扣除，直到扣完为止)；

③税法规定的费用扣除标准(定额或定率)。

应纳税所得额的计算公式为：

①每次(月)收入不超过 4 000 元的：

应纳税所得额＝每次(月)收入额－准予扣除项目－修缮费用(800 元为限)－800 元

②每次(月)收入超过 4 000 元的：

应纳税所得额＝[每次(月)收入额－准予扣除项目－修缮费用(800 元为限)]×(1－20%)

【例 9-20】 郑先生于 2019 年 1 月将其自有 40 平方米的房屋出租给张某居住，租期 1 年。郑某每月取得租金收入 1 500 元，全年租金收入 18 000元。计算郑某全年租金收入应缴纳的个人所得税。

财产租赁收入以每月内取得的收入为一次，因此，郑某每月及全年应纳税额为：

①每月应纳税额＝(1 500－800)×10% ＝70(元)

②全年应纳税额＝ 70×12 ＝ 840 (元)

2. 财产转让

个人转让财产所得是指个人转让有价证券、股权、建筑物、土地使用权、机器设备、车船以及其他财产取得的所得。

◆转让住房

应纳税额＝(财产转让收入－财产原值－合理税费)×20%

(注：合理税费为营业税、城建税、教育费附加、土地增值税、印花税、装修费、银行贷款利息等)

◆转让无形资产

①每次收入不超过 4 000 元，定额减除费用 800 元。

②每次收入在 4 000 元以上，定率减除 20%的费用。

③税率 20%。

【例 9-21】 2019 年 1 月，张先生将 7 000 元购入的国库券以 10 000 元的转让，转让过程中发生有关税费 400 元，试计算张先生应缴纳的个人所得税。

应纳税额＝(10 000－7 000－400)×20%＝520(元)。

需要说明的是，个人取得的国库券利息所得，按照《个人所得税法》的规定是应当享受免税待遇的，但是个人买卖以及转让国库券所取得的所得，属于财产转让所得，不属于国库券利息所得，因而必须计算缴纳个人所得税。

3. 偶然所得

偶然所得是指个人得奖、中奖、中彩以及其他偶然性质的所得其他所得，是指经国务院财政部门确定征税的其他所得。

(1)应纳税所得额

偶然所得和其他所得以个人每次取得的收入额为应纳税所得额，不扣除任何费用。除有特殊规定外，每次收入额就是应纳税所得额，以每次取得该项收入为一次。

(2)应纳税额的计算方法

偶然所得适用 20%的比例税率，其应纳税额的计算公式为：

应纳税额＝应纳税所得额×适用税率

【例 9-22】 张先生在参加某医疗器械中心的有奖销售过程中，中奖所得共计价值 25 000 元。张先生从中奖收入中拿出 5 500 元通过公益部门向某养老院捐赠。请按照规定计算该中心代扣代缴的个人所得税。

①张先生的捐赠额比例(5 500/25 000＝22%)小于税法规定的 30%，可以全部从应纳税所得额中扣除。

②应纳税所得额＝25 000－5 500＝19 500(元)

③应纳税额＝19 500×20%＝3 900(元)

④张先生实际可得金额＝25 000－5 500－3 900

＝15 600(元)

168. 土地增值税

土地增值税是对有偿转让国有土地使用权及地上建筑物和其他附着

物产权，并取得增值性收入的单位和个人所征收的一种税。

土地增值税实行四级超率累进税率，见表9-10。

表9-10　　土地增值税适用税率

级别	增值额与扣除项目金额的比率	税率	速算扣除系数(%)
1	增值额未超过扣除项目金额50%的部分	30%	0
2	增值额超过扣除项目金额50%、未超过扣除项目金额100%的部分	40%	5
3	增值额超过扣除项目金额100%、未超过扣除项目金额200%的部分	50%	15
4	增值额超过扣除项目金额200%的部分	60%	35

应纳税额的计算公式如下：

土地增值额＝转让收入－法定扣除项目

收入额的确定，见表9-11。

表9-11　　收入额的确定

收入的形式	定　义
货币收入	货币收入是指纳税人转让房地产而取得的现金、银行存款、支票、银行本票、汇票等各种信用票据和国库券、金融债券、企业债券、股票等有价证券
实物收入	实物收入是指纳税人转让房地产而取得的各种实物形态的收入，如存货、固定资产等
其他收入	其他收入是指纳税人转让房地产而取得的无形资产收入或具有财产价值的权利，如专利权、商标权、著作权、专有技术使用权、土地使用权、商誉权等

扣除项目的内容，见表9-12。

表9-12　　扣除项目的确定

扣除项目	具体内容
取得土地使用权所支付的金额	①以出让方式取得土地使用权的，为支付的土地出让金 ②以行政划拨方式取得土地使用权的，为转让土地使用权时按规定补缴的出让金 ③以转让方式取得土地使用权的，为支付的地价款 纳税人在取得土地使用权时按国家统一规定缴纳的有关费用

续上表

扣除项目	具体内容	
房地产开发成本	土地征用及拆迁补偿费	包括土地征用费、耕地占用税、契税、劳动力安置费及有关地上、地下附着物拆迁补偿的净支出、安置动迁用房支出等
房地产开发成本	前期工程费	包括规划、设计、项目可行性研究和水文、地质、勘察、测绘、“通一平”支出
	建筑安装工程费	是指以出包方式支付给承包单位的建筑安装工程费，以自营方式发生的建筑工程安装费
	基础设施费	包括开发小区内的道路、供水、供电、供气、排污、排洪、通信、照明、环卫、绿化等工程发生的支出
	公共配套设施费	包括不能有偿转让的开发小区内公共配套设施发生的支出
	开发间接费用	是指直接组织、管理开发项目所发生的费用，包括工资、职工福利费、折旧费、修理费、办公费、水电费、劳动保护费、周转房摊销等
房地产开发费用	销售费用	
	管理费用	
	财务费用	凡能按转让房地产项目计算分摊利息并提供金融机构证明的，允许据实扣除，但最高不能超过按商业银行同类同期贷款利率计算的金额。 其他房地产开发费用，按取得土地使用权支付的金额和房地产开发成本金额之和，在5%以内计算扣除
		凡不能按转让房地产项目计算分摊利息支出或不能提供金融机构证明的，利息支出不得单独计算，而应并入房地产开发费用中一并计算扣除
与转让房地产有关的税金	是指在转让房地产时缴纳的营业税、城市维护建设税、印花税。因转让房地产缴纳的教育费附加，也可视同税金予以扣除	
财政部确定的其他扣除项目	从事房地产开发的纳税人规定计算的金额之和，加计20%的扣除	
旧房及建筑物的评估价格	应按房屋及建筑物的评估价格	
	按购房发票金额计算扣除	

土地增值税计算的基本原理：

①以出售房地产的总收入减除扣除项目金额，求得增值额；

②再以增值额同扣除项目相比，其比值即为土地增值率；

③根据土地增值率的高低确定适用税率，用增值额和适用税率相乘，求得应纳税额。

(1)计算增值额

增值额＝房地产转让收入－扣除项目金额

(2)计算增值率

增值率＝增值额÷扣除项目金额×100%

(3)确定适用税率

依据计算的增值率，按其税率表确定适用税率。

(4)依据适用税率计算应纳税额

应纳税额＝增值额×适用税率－扣除项目金额×速算扣除系数

【例 9-23】 某房地产开发公司出售一幢写字楼，收入总额为100 000 000元。开发该写字楼有关支出为：支付地价款及各种费用15 000 000元；房地产开发成本 35 000 000 元；财务费用中的利息支出为6 000 000 元(可按转让项目计算分摊并提供金融机构证明)，但其中有650 000 元属于加罚的利息；转让环节缴纳的有关税费共计为 5 800 000 元；该单位所在地政府规定的其他房地产开发费用计算扣除比例为 5%。试计算该房地产开发公司应纳的土地增值税。

(1)取得土地使用权支付的地价款及有关费用为 1 5 000 000 元

(2)房地产开发成本为 35 000 000 元

(3)房地产开发费用＝6 000 000－650 000＋(15 000 000＋35 000 000)×5%＝5 350 000＋2 500 000

＝7 850 000(元)

(4)允许扣除的税费为 5 800 000 元

(5)从事房地产开发的纳税人加计扣除 20%

加计扣除额=(15 000 000+35 000 000)×20% =10 000 000(元)

(6)允许扣除的项目金额合计=15 000 000+35 000 000+7 850 000+5 800 000+10 000 000=73 650 000 (元)

(7)增值额=100 000 000-73 650 000=26 350 000 (元)

(8)增值率=26 350 000÷73 650 000×100%=35.78%

(9)应纳税额=26 350 000×30%-73 650 000×0%

=7 905 000(元)

169. 城市维护建设税

城市维护建设税(简称城建税),是国家对缴纳增值税、消费税(简称"两税")的单位和个人就其实际缴纳的"两税"税额为计税依据而征收的一种税。

1. 税率

(1)纳税人所在地在市区的,税率为 7%;

(2)纳税人所在地在县城、镇的,税率为 5%;

2. 计算公式

=(增值税税额+消费税税额)×适用税率

【例 9-24】 科达有限公司 2019 年 1 月份实际缴纳增值税 300 000 元,缴纳消费税 400 000 元。计算该企业应纳的城建税税额。城市维护建设税税率 7%,教育费附加 3%。

应纳城建税税额=(300 000+400 000)×7%

=700 000×7%

=49 000(元)

应纳教育费附加=700 000×3%=21 000(元)

170. 关税

关税纳税人,包括进口货物的收货人、出口货物的发货人、进出境物品的所有人,是关税的纳税义务人。

根据《关税条例》规定,我国进口关税的法定税率包括最惠国税率、协定税率、特惠税率和普通税率。

1. 进口关税

进口货物完税价格由海关以进口货物的成交价格为基础审核确定。一般包括货价、货物运抵中华人民共和国海关境内输入地点起卸前的运费和保费。通常以 CIF 价为基础。若货物在交易的过程中，卖方付给我方正常的折扣，则应在成交价格中扣除。

进口货物以到岸价格(CIF)、到岸价格加保险价格(CFR)、到岸价格加保险、运费(FOB)成交的，经海关审定后，可作为完税价格。见表 9-13。

表 9-13　　进口货物关税计算

分类	定　义	计算公式
CIF 价格	以我国口岸到岸价格(CIF)成交的，则成交价格就是关税完税价格	关税应征税额＝CIF×关税税率
CFR 价格	进口货物采用 CFR 价格成交，应加保险费组成完税价格	关税应征税额＝[CFR÷(1－保险费率)]×关税税率
FOB 价格	进口货物采用 FOB 价格成交，应加保险费和运费组成完税价格	关税应征税额＝[(FOB 价＋ 运费)÷(1－保险费率)]×关税税率 ＝(FOB＋运杂费＋保险费)×关税税率

(1)以 CIF 成交的进口货物的计算

【例 9-25】 北京大地进出口公司从德国进口小汽车 200 辆，其成交价格为 CIF 天津新港 4 900 000 美元，假设小汽车进口关税税率为 20%，当日外汇汇率 1 美元＝6.26 元人民币。

小汽车进口关税税额＝490 000 000×6.26×20%＝613 480 000(元)

(2)以 FOB 和 CFR 条件成交的进口货物，在计算税款时应先把进口货物的申报价格折算成 CIF 价，然后再按上述程序计算税款

【例 9-26】 北京大地进出口公司从国外进口一批中厚钢板共计 200 000公斤，成交价格为 FOB 伦敦 2.5 英镑/公斤，已知单位运费为 0.5 英镑，保险费率为 0.25%，已知海关填发税款缴款书之日的外汇牌价：

1 英镑＝11.268 3 人民币元(买入价)

1 英镑＝11.885 7 人民币元(卖出价)

①根据填发税款缴款书日的外汇牌价，将货款折算成人民币。

当天外汇汇价为：

外汇买卖中间价＝(11.268 3＋11.885 7)÷2＝11.577(元)

即1英镑＝11.577人民币元

进口货物完税价格＝(FOB价＋运费)/(1－保险费率)

＝(2.5＋0.5)/(1－0.25%)

＝3.007 5(英镑)

②计算关税税款：根据税则归类，中厚钢板是日本原产货物适用于最惠国税率，最惠国税率为10%。

则：该批货物进口关税税额＝3.007 5×11.577×200 000×10%

＝696 356.55(元)

2. 出口关税

出口货物的完税价格由海关以该货物的成交价格为基础审查确定，并应当包括货物运至中华人民共和国境内输出地点装载前的运输及其相关费用、保险费。

出口关税应征税额的确定，见表9-14。

表9-14　出口关税应征税额

价格基础	计算公式
以FOB价格为基础	关税应征税额＝[FOB价格/1＋出口关税税率]×出口关税税率
以CIF价格为基础	关税应征税额＝[(CIF价－保险费－运费)/(1＋出口关税税率)]×出口关税税率
以CFR价格为基础	关税应征税额＝[(CFR－运费)/(1＋关税税率)]×出口关税税率

需要注意的是，下列税收、费用不计入出口货物的完税价格：

①出口关税；

②在货物价款中单独列明的货物运至中华人民共和国境内输出地点装载后的运输及其相关费用、保险费(即出口货物的运保费最多算至离境口岸)；

③在货物价款中单独列明由卖方承担的佣金。

(2) 出口货物海关估定方法

出口货物的成交价格不能确定的，海关经了解有关情况，并与纳税义务人进行价格磋商后，依次以下列价格审查确定该货物的完税价格：

①同时或者大约同时向同一国家或者地区出口的相同货物的成交价格；

②同时或者大约同时向同一国家或者地区出口的类似货物的成交价格；

③根据境内生产相同或者类似货物的成本、利润和一般费用(包括直接费用和间接费用)、境内发生的运输及其相关费用、保险费计算所得的价格；

④按照合理方法估定的价格。

【例 9-27】 大地进出口公司出口材料一批，FOB 价格 120 000 美元，出口关税税率为 20%，收到海关填发的税款交纳凭证，当日美元汇率的中间价为 6.27 元，计算应交纳的出口关税税额

钨丝出口关税完税价格＝120 000/(1＋20%)×6.27＝627 000(元)

应纳出口关税额＝627 000×20%＝125 400(元)

171. 车辆购置税

车辆购置税是以在中国境内购置规定的车辆为课税对象，在特定的环节向车辆购置者征收的一种税。

其中，购置是指购买使用行为、进口使用行为、受赠使用行为、自产自用行为、获奖使用行为以及以拍卖、抵债、走私、罚没等方式取得并使用的行为。如图 9-11 所示。

- 购买使用行为。包括购买使用国产应税车辆和购买使用进口应税车辆
- 进口使用行为。指直接进口使用应税车辆的行为受赠使用行为
- 受赠是指接受他人馈赠
- 自产自用行为。自产自用是指纳税人将自己生产的应税车辆作为最终消费品用于自己消费使用，其消费行为已构成了应税行为
- 获奖使用行为。包括从各种奖励形式中取得并使用应税车辆的行为
- 其他使用行为。指除上述以外其他方式取得并使用应税车辆的行为，如拍卖、抵债、 走私、罚没等方式取得并自用的应税车辆

图 9-11 应税范围

车辆购置税的特点如下。

- 征收范围单一
- 征收方法单一
- 税率单一
- 价外征收，税负不发生转嫁
- 征税具有特定目的

1. 车辆购置税的征税范围

车辆购置税的征收范围包括汽车、摩托车、电车、挂车、农用运输车。具体范围按《车辆购置税征收范围表》执行。

2. 车辆购置税的税率

我国车辆购置税实行统一比例税率(指一个税种只设计一个比例的税率)，税率为10%。

根据《财政部、国家税务总局、工业和信息化部、科技部关于免征新能源汽车车辆购置税的公告》规定：自2018年1月1日至2020年12月31日，对购置的新能源汽车免征车辆购置税。

3. 应纳税额的计算

应纳税额＝计税价格×税率

计税价格的确定，见表9-15。

表9-15 应纳税额的计算

计税标准	内　容
购买自用应税车辆计税依据的确定	纳税人购买应税车辆而支付给销售者的全部价款和价外费用(不包括增值税税款)
进口自用应税车辆计税依据的确定	完税价格＋关税＋消费税
纳税人自产、受赠、获奖和以其他方式取得并自用的应税车辆的计税价格	按购置该型号车辆的价格确认不能取得购置价格的，由主管税务机关参照国家税务总局规定的相同类型应税车辆的最低计税价格核定
购买自用或者进口自用应税车辆，申报的计税价格低于同类型应税车辆的最低计税价格，又无正当理由的	按照最低计税价格征收车辆购置税

【例 9-28】 某外贸进出口公司 2019 年 3 月从国外进口 6 辆宝马公司生产的某型号小轿车。该公司报关进口这批小轿车时。经报关地海关对有关报关资料的审查，确定关税完税价格为每辆 505 000 元，海关按关税政策规定每辆征收了关税 151 500 元，并按消费税、增值税有关规定代征了每辆小轿车的进口消费税 185 000 元和增值税 1 34 640 元。由于联系业务需要，该公司将一辆小轿车留在本单位使用。根据以上资料，计算应纳车辆购置税。

(1)计税依据＝ 505 000＋151 500＋185 000＝841 500(元)

(2)应纳税额＝841 500×10％＝84 150(元)

172. 房产税

房产税是以房屋为征税对象，以房屋的计税余值或租金收入为计税依据，向房屋产权所有人征收的一种财产税。

(1)适用税率

依据房产计税余值计税的，税率为 1.2％；依据房产租金收入计税的，税率为 12％。

2008 年 3 月 1 日起，对个人出租住房，不区分用途，按 4％的税率征收房产税。

对企事业单位、社会团体以及其他组织按市场价格向个人出租用于居住的住房，减按 4％的税率征收房产税。

(2)应纳税额的计算

①对经营自用的房屋，以房产的计税余值作为计税依据。

所谓计税余值是指依照税法规定按房产原值一次减除 10％至 30％的损耗价值以后的余额。

应纳税额＝应税房产原值×(1－原值减除比例)×1.2％

②对于出租的房屋，以租金收入为计税依据。

应纳税额＝租金收入×12％(或 4％)

【例 9-29】 某企业的经营用房原值为 48 000 000 元，按照当地规定允许减除 30%后余值计税，适用税率为 1.2%。请计算其应纳房产税税额。

应纳税额＝48 000 000×(1－30%) ×1.2% ＝403 200(元)

173. 车船税

车船税是对在中华人民共和国境内车辆、船舶(以下简称车船)的所有人或者管理人征收的一种税。

(1)适用税目与税率

车船税的科目分为 5 大类：

①乘用车。乘用车为核定载客人数 9 人(含)以下的车辆。

②商用车。商用车包括客车和货车。

③其他车辆。其他车辆包括专用作业车和轮式专用机械车等(不包括拖拉机)。

④摩托车。

⑤船舶。船舶包括机动船舶、非机动驳船、拖船和游艇。

车船税的适用税额，依照条例所附的《车船税税目税额表》执行。

(2)适合税率

车船税采用定额税率又称固定税额。根据《车船税法》的规定，对应税车船实行有幅度的定额。

(3)应纳税额的计算

①乘用车、客车和摩托车的应纳税额＝计税单位数量×适用年基准税额

②货车、专用作业车和轮式专用机械车的应纳税额＝整备质量吨位数×适用年基准税额

③机动船舶的应纳税额＝净吨位数×适用年基准税额

④拖船和非机动驳船的应纳税额＝净吨位数×适用年基准税额×50%

⑤游艇的应纳税额＝艇身长度×适用年基准税额

⑥购置的新车船，购置当年的应纳税额自纳税义务发生的当月起按月计算。计算公式为：

应纳税额＝(适用年基准税额/12)×应纳税月份数

⑦保险机构代收代缴车船税和滞纳金的计算

每一年度欠税应加收的滞纳金＝欠税金额×滞纳天数×0.5‰

滞纳天数的计算自应购买“交强险”截止日期的次日起到纳税人购买交强险当日止。

【例 9-30】 某运输公司拥有载货汽车 20 辆(货车载重净吨位全部为 15 吨)，乘人大客车 30 辆，小客车 20 辆。计算该公司应纳车船税。(载货汽车每吨年税额 100 元，乘人大客车每辆年税额 1 000 元，小客车每辆年税额 500 元)

(1)载货汽车应纳税额＝20×15×100＝ 30 000(元)

(2)乘人汽车应纳税额＝30×1000＋20×500＝40 000(元)

(3)全年应纳车船税额＝30 000＋40 000＝70 000(元)

174. 印花税

印花税是对经济活动和经济交往中书立、领受、使用的应税经济凭证的单位和个人所征收的一种税。因纳税人主要是通过在应税凭证上粘贴印花税票来完成纳税义务，故名印花税。

(1) 印花税税率

现行印花税采用比例税率和定额税率两种税率。

根据财税〔2018〕50 号《关于对营业账簿减免印花税的通知》自 2018 年 5 月 1 日起，对按万分之五税率贴花的资金账簿减半征收印花税，对按件贴花 5 元的其他账簿免征印花税。

比例税率。按比例税率征收的项目包括:各种合同及具有合同性质的凭证、记载资金的账簿和产权转移书据等。

适用比例税率的合同，见表 9-16。

表 9-16　　印花税税目税率表

	税目	范围	税率	纳税义务人	说明
1	购销合同	包括供应、预购、采购、购销结合及协作、调剂、补偿、易货等合同	按购销金额 0.3‰ 贴花	立合同人	

续上表

	税目	范围	税率	纳税义务人	说明
2	加工承揽合同	包括加工、定作、修缮、修理、印刷、广告、测绘、测试等合同	按加工或承揽收入0.5‰贴花	立合同人	
3	建设工程勘察设计合同	包括勘察、设计合同	按收取费用0.5‰贴花	立合同人	
4	建筑安装工程承包合同	包括建筑、安装工程承包合同	按承包金额0.3‰贴花	立合同人	
5	财产租赁合同	包括租赁房屋、船舶、飞机、机动车辆、机械、器具、设备等	按租赁金额1‰贴花。税额不足1元的按1元贴花	立合同人	
6	货物运输合同	包括民用航空、铁路运输、海上运输、内河运输、公路运输和联运合同	按运输费用0.5‰贴花	立合同人	单据作为合同使用的，按合同贴花
7	仓储保管合同	包括仓储、保管合同	按仓储保管费用1‰贴花	立合同人	仓单或栈单作为合同使用的，按合同贴花
8	借款合同	银行及其他金融组织和借款人(不包括银行同业拆借)所签订的借款合同	按借款金额0.05‰贴花	立合同人	单据作为合同使用的，按合同贴花
9	财产保险合同	包括财产、责任、保证、信用等保险合同	按投保金额1‰贴花	立合同人	单据作为合同使用的，按合同贴花
10	技术合同	包括技术开发、转让、咨询、服务等合同	按所载金额0.3‰贴花	立合同人	

续上表

	税目	范围	税率	纳税义务人	说明
11	产权转移书据	包括财产所有权和版权、商标专用权、专利权、专有技术使用权等转移书据	按所载金额 0.5‰贴花	立据人	
12	营业账簿生产经营用账册	记载资金的账簿	按固定资产原值与自有流动资金总额 0.25‰贴花。其他账簿免征	立账簿人	
13	权利、许可证照	包括政府部门发给的房屋产权证、工商营业执照、商标注册证、专利证、土地使用证	免征印花税	领受人	

《财政部、税务总局关于支持小微企业融资有关税收政策的通知》(财税〔2017〕77 号)规定:自 2018 年 1 月 1 日至 2020 年 12 月 31 日,对金融机构与小型企业、微型企业签订的借款合同免征印花税,以及小型企业、微型企业、小额贷款的范围做了具体的定义。

计算印花税时应注意的问题,如图 9-12 所示。

- 按金额比例贴花的应税凭证,未标明金额的,应按凭证所载数量及市场价格计算金额,依适用税率贴足印花
- 应税凭证所载金额为外国货币的,按凭证书立当日汇率折合成人民币计算税额
- 同一凭证由两方或者两方以上当事人签订并各执一份的,应由各方所执的一份全额贴花
- 同一凭证因载有两个或两个以上经济事项而适用不同税率,分别载有金额的,应分别计算应纳税额,相加后按合计税额贴花;如未分别记载金额的,按税率高的计税贴花
- 已贴花的凭证,修改后所载金额增加的,其增加部分应当补贴印花税票

图 9-12　定额税率的计税

(2)印花税应纳税额的计算

①按比例税率计算

应纳税额＝应税凭证计税金额×适用税率

②营业账簿中记载资金的账簿

应纳税额＝(实收资本＋资本公积)×0.25‰

③其他账簿按件贴花，免征印花税

【例 9-31】 某企业 2019 年 2 月开业，领受房产权证、工商营业执照、土地使用证各一份，与其他企业订立转移专用技术使用权书据一份，所载金额 1 000 000 元；订立产品购销合同两件，所载金额 2 500 000 元；订立借款合同一份，所载金额 600 000 元。此外，企业的营业账簿中，“实收资本”载有资金 10 000 000 元，其他营业账簿 20 本。2018 年 12 月该企业“实收资本”所载资金增加为 12 000 000 元。计算该企业 2019 年 2 月应纳的印花税和 12 月应补缴的印花税。

①企业领受权利许可证免征印花税

②企业订立产权转移书据应纳税额＝1 000 000×0.5‰＝500(元)

③企业订立购销合同应纳税额＝2 500 000×0.3‰＝750(元)

④企业订立借款合同应纳税额＝600 000×0.05‰＝30(元)

⑤企业营业账簿中“实收资本”所载资金应纳税额＝10 000 000×0.25‰＝2 500(元)

⑥企业其他营业账簿免征印花税

⑦2 月份应纳印花税＝500＋750＋30＋2 500＝3 780(元)

⑧12 月资金账簿应补印花税＝(12 000 000－10 000 000)× 0.25‰
＝500(元)

175. 契税

契税是以所有权发生转移变动的土地、房屋等不动产为征税对象，向产权承受的单位和个人一次性征收的一种财产税。是唯一从需求方进行调节的税种。

契税实行幅度比例税率，税率幅度为3%～5%。具体执行税率，由各省、自治区、直辖市人民政府在规定的幅度内，根据本地区的实际情况确定。

个人首次购买90平方米以下住房，从2008年11月1日起按1%税率征收契税。

应纳税额的计算公式为：

应纳税额＝计税依据×税率

【例9-32】 张霞从某房地产开发公司购买一套商品住宅，成交价格3 600 000元，双方签订了购房合同。当地政府规定的契税税率为3%。

根据规定，房屋买卖以成交价格为计税依据计算缴纳契税。则该居民应纳的契税税额为：

应纳税额＝3 600 000×3%＝108 000(元)

176. 资源税

资源税是对在我国境内开采应税矿产品或者生产盐的单位和个人征收的一种税。我国目前对原油、天然气、煤炭、其他非金属矿原矿、黑色金属矿原矿、有色金属矿原矿、盐等税目征收资源税。

资源税一般是按单位税额缴纳，但2014年年底为减轻煤炭企业的税负，煤炭将采取从价计征。资源税税额与税率，见表9-17。

表9-17 **资源税税目税率表**

序号	税目	税率或税额	常见的应税项目应税产品名称
1	原油	5%～10%	
2	天然气	5%～10%	
3	煤炭	2%～9%(各省自行制定)	
4	其他非金属矿原矿	0.5～20元/吨或立方米	花岗石、石灰石
			未列举名称的其他非金属矿原矿
5	黑色金属矿原矿	2～30元/吨	
6	有色金属矿原矿	0.4～30元/吨	

续上表

序号	税目	税率或税额	常见的应税项目应税产品名称
7	盐:固体盐、液体盐	10～60元/吨 2～10元/吨	海盐
注:(1)各市常见的应税产品适用的单位税额是各省地税务局统一规定的标准 (2)资源税的计算公式:应交资源税＝课税数量×单位税额 (3)未列举名称的其他非金属矿原矿包括:水泥,红砖用泥土,建筑用河沙、山砂、海砂			

应纳税额的计算方法分为两种:从价定率计征和从量定额计征。

◆ 从价定率计征

应纳税额＝应税资源的销售额×适用税率

◆ 从量定额计征

应纳税额＝应税资源数量×适用定额税率

◆ 代扣代缴

代扣代缴应纳税额＝收购未税矿产品数量×适用定额税率

【例 9-33】 某企业为增值税一般纳税人,某月生产经营情况如下(比例税率:原煤 2%):

销售原煤 280 万吨,取得不含税销售额 22 400 万元。

外销原煤应纳资源税＝22 400×2%＝448(万元)

177. 教育费附加

教育费附加是对缴纳增值税、消费税单位和个人,就其实际缴纳的税额为计税依据征收的一种附加费。见表 9-18。

表 9-18　　教育费附加计算

征收范围	征收比率	计税依据	计算公式
缴纳增值税、消费税的单位和个人	3%	实际缴纳的增值税、消费税税额为计税依据,与“两税”同时缴纳	应纳教育费附加＝实际缴纳的“两税”税额×3%

注意:1. 教育费附加出口不退,进口不征。

2. 对由于减免增值税、消费税而发生的退税,可同时退还已征收的教育费附加。

3. 地方教育费附加税率为 2%。

【例 9-34】 科达有限公司 2019 年 1 月份实际缴纳增值税 300 000 元，缴纳消费税 400 000 元。计算该企业应纳的城建税税额。城市维护建设税税率 7%，教育费附加 3%。

应纳城建税税额＝(300 000＋400 000)×7%

＝700 000×7%＝49 000(元)

应缴纳教育费附加＝700 000×3%＝21 000(元)

178. 船舶吨税

自中国境外港口进入中国境内港口的船舶征收船舶吨税(以下简称“吨税”)，以应税船舶负责人为纳税人。

(1)税率

吨税采用定额税率，按船舶净吨位的大小分等级设置单位税额，分 30 日、90 日和 1 年三种不同的税率，并实行复式税率，具体分为两类：普通税率和优惠税率。见表 9-19。

表 9-19　　船舶吨税税率表

税目 (按船舶净吨位划分)	税率(元/净吨)						备注
	普通税率 (按执照期限划分)			优惠税率 (按执照期限划分)			
	1 年	90 日	30 日	1 年	90 日	30 日	
不超过 2 000 净吨	12.6	4.2	2.1	9.0	3.0	1.5	拖船和非机动驳船分别按相同净吨位船舶税率的 50% 计征税款
超过 2 000 净吨，但不超过 10 000 净吨	24.0	8.0	4.0	17.4	5.8	2.9	
超过 10 000 净吨，但不超过 50 000 净吨	27.6	9.2	4.6	19.8	6.6	3.3	
超过 50 000 净吨	31.8	10.6	5.3	22.8	7.6	3.8	

(2)计税依据

吨税以船舶净吨位为计税依据，拖船和非机动驳船分别按相同净吨位船舶税率的 50% 计征。

(3)应纳税额的计算

应纳税额＝应税船舶净吨位×适用税率

(4)税收优惠

下列船舶免征吨税，如图 9-13 所示。

- 应纳税额在人民币50元以下的船舶
- 自境外以购买、受赠、继承等方式取得船舶所有权的初次进口到港的空载船舶
- 吨税执照期满后24小时内不上下客货的船舶
- 非机动船舶（不包括非机动驳船）
- 捕捞、养殖渔船
- 避难、防疫隔离、修理、终止运营或者拆解，并不上下客货的船舶
- 军队、武装警察部队专用或者征用的船舶
- 依照法律规定应当予以免税的外国驻华使领馆、国际组织驻华代表机构及其有关人员的船舶

图 9-13　免征船舶吨税的规定

(5)征收管理

①纳税义务发生时间。

吨税纳税义务发生时间为应税船舶进入境内港口的当日，应税船舶在吨税执照期满后尚未离开港口的，应当申领新的吨税执照，自上一执照期满的次日起续缴吨税。

②纳税期限。

应税船舶负责人应当自海关填发吨税缴款凭证之日起 15 日内向指定银行缴清税款。未按期缴清税款的，自滞纳税款之日起，按日加收滞纳税款 0.5‰的滞纳金。

【例 9-35】 2016 年 1 月 20 日，B 国某运输公司一艘货轮驶入我国某港口，该货轮净吨位为 30 000 吨，货轮负责人已向我国某海关领取了吨税执照，在港口停留期为 30 天，B 国已与我国签订有相互给予船舶税最惠国待遇条款。请计算该货轮负责人应向我国海关缴纳的船舶吨税。

(1)根据船舶吨税的相关规定，该货轮应享受优惠税率，每净吨位为 3.3 元。

(2)应缴纳的船舶吨税=30 000×3.3=99 000(元)

179. 烟叶税

烟叶税的纳税人是在中华人民共和国境内收购烟叶的单位为烟叶税的纳税人。

1. 征税范围

烟叶税的纳税对象是指晾晒烟叶和烤烟叶。因此烟叶税属于行为税。

2. 税率

烟叶税实行比例税率,税率为20%。

3. 计税依据

纳税人收购烟叶实际支付的价款总额包括纳税人支付给烟叶生产销售单位和个人的烟叶收购价款和价外补贴。其中,价外补贴统一按烟叶收购价款的10%计算。

计算公式如下:

收购金额=收购价款×(1+10%)

应纳税额=烟叶收购金额×税率

=烟叶收购价款×(1+10%)×税率

【例9-36】 扬欣烟草有限公司为增值税一般纳税人,2019年1月15日向烟农收购晾晒烟叶,增值税普通发票注明收购价格120 000元。货款从银行支付。同时,支付了价外补贴。

收购金额=收购价款×(1+10%)

=120 000×(1+10%)

=132 000(元)

应缴纳烟叶税额=烟叶收购金额×税率=132 000×20%=26 400(元)

180. 环境保护税

《中华人民共和国环境保护税法》已由第十二届全国人民代表大会常务委员会第二十五次会议于 2016 年 12 月 25 日通过，自 2018 年 1 月 1 日起施行。

1. 纳税人

在中华人民共和国领域和中华人民共和国管辖的其他海域，直接向环境排放应税污染物的企事业单位和其他生产经营者为环境保护税的纳税人，应当缴纳环境保护税。

2. 征税范围

(1)大气污染物。向环境排放影响大气环境质量的物质。依照环境保护税法附表《应税污染物和当量值表》规定，大气污染物有 44 类，主要是：

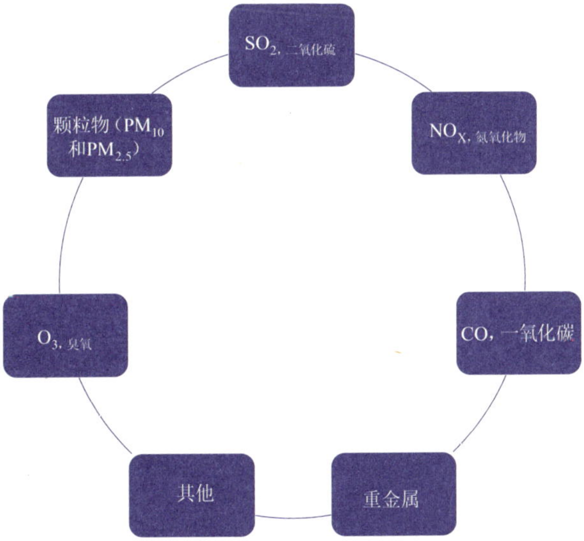

应税污染物不包含：二氧化碳，挥发性有机物，臭气，机动车、铁路机车、船舶和航空器等流动污染源排放应税污染物。

(2)水污染物：向环境排放影响水环境质量的物质。

第一类，水污染物 10 类：总汞、总镉、总铅、总铬、总砷、六价铬、总镍、苯并芘、总银、总铍。

其他类,水污染物 61 类:悬浮物、化学需氧量、氨氮、石油类色度、PH 值、大肠菌群、余氯等。

(3)固体废物。

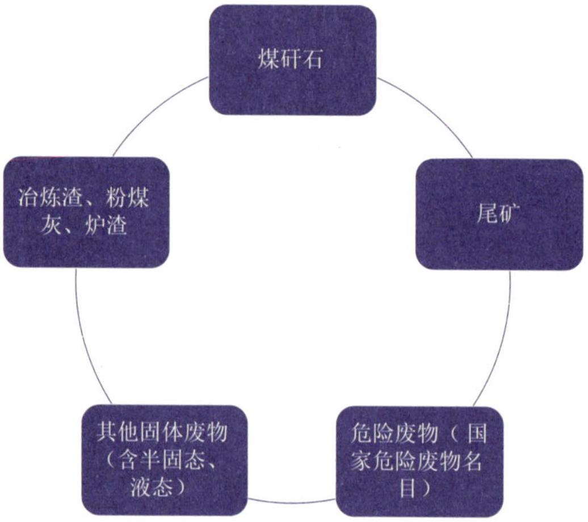

(4)噪声。建筑施工噪声、交通噪音、社会生活噪音暂不纳入环境保护税范围。

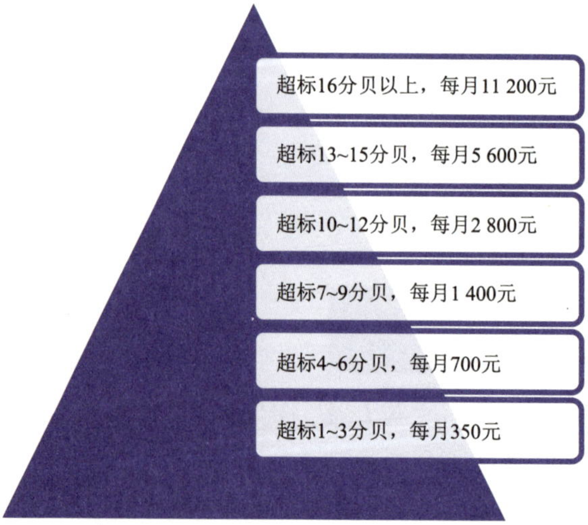

3. 计税依据

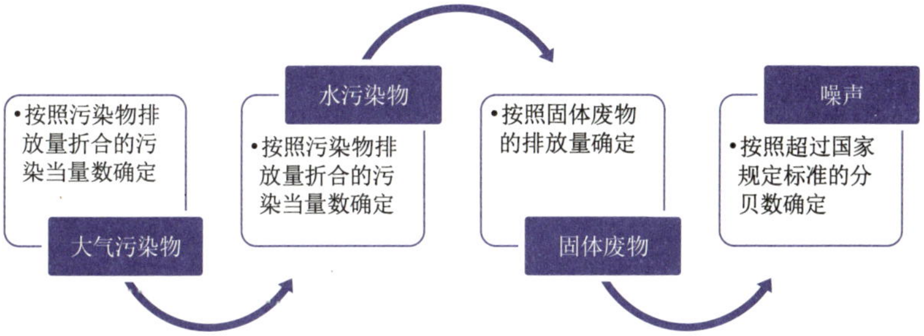

4. 应纳税额

计算公式为：

大气污染物、水污染物、固体废物应纳税额＝污染当量数×适用税额

应税大气污染物、水污染物的污染当量数＝该污染物的排放量÷该污染物的污染当量值

应税固体废物的污染当量数＝产生量－综合利用量（免征）－储存量和处置量（不属于直接向环境排放污染物）

（1）固体废物的排放量确定。

固体废物的排放量＝当期固体废物的产生量－当期固体废物的综合利用量－当期固体废物的贮存量－当期固体废物的处置量

应纳税额按照下列方法计算：

应纳税额＝固体废物排放量×适应税率

固体废弃物	煤矸石	每吨	5 元
	尾矿	每吨	15 元
	危险废物	每吨	1 000 元
	炉渣、其他固体废物（含半固态、液态废物）	每吨	25 元

(2)噪音确定。

◆一个单位边界上有多处噪声超标，根据最高一处超标声级计算应纳税额；当沿边界长度超过 100 米有两处以上噪声超标，按照两个单位计算应纳税额。

◆一个单位有不同地点作业场所的，应当分别计算应纳税额，合并计征。

◆昼、夜均超标的环境噪声，昼、夜分别计算应纳税额，累计计征。

◆声源一个月内超标不足 15 天的，减半计算应纳税额。

◆夜间频繁突发和夜间偶然突发厂界超标噪声

应纳税额按照下列方法计算：

应纳税额＝超标分贝×应纳税额

(3)大气污染物每污染当量 1.2～12 元。

(4)水污染物每污染当量 1.4～14 元。

【例 9-37】 2019 年 1 月，红星造纸厂向水里直接排放第一类水污染物总汞 1 kg，污染当量值为：0.000 5 kg。（水污染物为每污染当量 1.4～14 元）

计算污染物当量数：污染当量数＝1/0.000 5＝2 000

应纳税额＝2 000×14＝28 000(元)

附　录

附表一　　　　复利终值系数表

期数	1%	2%	3%	4%	5%	6%	7%	8%	9%	10%
1	1.0100	1.0200	1.0300	1.0400	1.0500	1.0600	1.0700	1.0800	1.0900	1.1000
2	1.0201	1.0404	1.0609	1.0816	1.1025	1.1236	1.1449	1.1664	1.1881	1.2100
3	1.0303	1.0612	1.0927	1.1249	1.1576	1.1910	1.2250	1.2597	1.2950	1.3310
4	1.0406	1.0824	1.1255	1.1699	1.2155	1.2625	1.3108	1.3605	1.4116	1.4641
5	1.0510	1.1041	1.1593	1.2167	1.2763	1.3382	1.4026	1.4693	1.5386	1.6105
6	1.0615	1.1262	1.1941	1.2653	1.3401	1.4185	1.5007	1.5809	1.6771	1.7716
7	1.0721	1.1487	1.2299	1.3159	1.4071	1.5036	1.6058	1.7738	1.8280	1.9487
8	1.0829	1.1717	1.2668	1.3686	1.4775	1.5938	1.7182	1.8509	1.9926	2.1436
9	1.0937	1.1951	1.3048	1.4233	1.5513	1.6895	1.8385	1.9990	2.1719	2.3579
10	1.1046	1.2190	1.3439	1.4802	1.6289	1.7908	1.9672	2.1589	2.3674	2.5937
11	1.1157	1.2434	1.3824	1.5395	1.7103	1.8983	2.1049	2.3316	2.5804	2.8531
12	1.1268	1.2682	1.4258	1.6010	1.7959	2.0122	2.2522	2.5182	2.8127	3.1384
13	1.1381	1.2936	1.4685	1.6651	1.8856	2.1329	2.4098	2.7196	3.0658	3.4523
14	1.1459	1.3195	1.5126	1.7317	1.9799	2.2609	2.5785	2.9372	3.3417	3.7975
15	1.1610	1.3459	1.5580	1.8009	2.0789	2.3966	2.7590	3.1722	3.6425	4.1772
16	1.1726	1.3728	1.6047	1.8730	2.1829	2.5404	2.9522	3.4259	3.9703	4.5950
17	1.1843	1.4002	1.6528	1.9479	2.2920	2.6928	3.1588	3.7000	4.3276	5.0545
18	1.1961	1.4282	1.7024	2.0258	2.4066	2.8543	3.3799	3.9960	4.7171	5.5599
19	1.2081	1.4568	1.7535	2.1068	2.5270	3.0256	3.6165	4.3157	5.1417	6.1159
20	1.2202	1.4859	1.8061	2.1911	2.6533	3.2071	3.8697	4.6610	5.6044	6.7275
21	1.2324	1.5157	1.8603	2.2788	2.7860	3.3996	4.1406	5.0338	6.1088	7.4002
22	1.2447	1.5460	1.9161	2.3699	2.9253	3.6035	4.4304	5.4365	6.6586	8.1403
23	1.2572	1.5769	1.9736	2.4647	3.0715	3.8197	4.7405	5.8715	7.2579	8.2543
24	1.2697	1.6084	2.0328	2.5633	3.2251	4.0489	5.0724	6.3412	7.9111	9.8497
25	1.2824	1.6406	2.0938	2.6658	3.3864	4.2919	5.4274	6.8485	8.6231	10.835
26	1.2953	1.6734	2.1566	2.7725	3.5557	4.5494	5.8076	7.3964	9.3992	11.918
27	1.3082	1.7069	2.2213	2.8834	3.7335	4.8823	6.2139	7.9881	10.245	13.110
28	1.3213	1.7410	2.2879	2.9987	3.9201	5.1117	6.6488	8.6271	11.167	14.421
29	1.3345	1.7758	2.3566	3.1187	4.1161	5.4184	7.1143	9.3173	12.172	15.863
30	1.347	1.8114	2.4273	3.2434	4.3219	5.7435	7.6123	10.063	13.268	17.449
40	1.4889	2.2080	3.2620	4.8010	7.0400	10.286	14.794	21.725	31.408	45.259
50	1.6446	2.6916	4.3839	7.1067	11.467	18.420	29.457	46.902	74.358	117.39
60	1.8167	3.2810	5.8916	10.520	18.679	32.988	57.946	101.26	176.03	304.48

续上表

期数	12%	14%	15%	16%	18%	20%	24%	28%	32%	36%
1	1.1200	1.1400	1.1500	1.1600	1.1800	1.2000	1.2400	1.2800	1.3200	1.3600
2	1.2544	1.2996	1.3225	1.3456	1.3924	1.4400	1.5376	1.6384	1.7424	1.8496
3	1.4049	1.4815	1.5209	1.5609	1.6430	1.7280	1.9066	2.0872	2.3000	2.5155
4	1.5735	1.6890	1.7490	1.8106	1.9388	2.0736	2.3642	2.6844	3.0360	3.4210
5	1.7623	1.9254	2.0114	2.1003	2.2878	2.4883	2.9316	3.4360	4.0075	4.6526
6	1.9738	2.1950	2.3131	2.4364	2.6996	2.9860	3.6352	4.3980	5.2899	6.3275
7	2.2107	2.5023	2.6600	2.8262	3.1855	3.5832	4.5077	5.6295	6.9826	8.6054
8	2.4760	2.8526	3.0590	3.2784	3.7586	4.2998	5.5895	7.2508	9.2170	11.703
9	2.7731	3.2519	3.5179	3.8030	4.4355	5.1598	6.9310	9.2234	12.166	15.917
10	3.1058	3.7072	4.0456	4.4114	5.2338	6.1917	8.5944	11.806	16.060	21.647
11	3.4785	4.2262	4.6524	5.1173	6.1759	7.4301	10.657	15.112	21.119	29.439
12	3.8960	4.8179	5.3503	5.9360	7.2876	8.9161	13.215	19.343	27.983	40.037
13	4.3635	5.4924	6.1528	6.8858	8.5994	10.699	16.386	24.759	36.937	54.451
14	4.8871	6.2613	7.0757	7.9875	10.147	12.839	20.319	31.691	48.757	74.053
15	5.4736	7.1379	8.1371	9.2655	11.974	15.407	25.196	40.565	64.395	100.71
16	6.1304	8.1371	9.3576	10.748	14.129	18.448	31.243	51.923	84.954	136.97
17	6.8660	9.2765	10.761	12.468	16.672	22.186	38.741	66.461	112.14	186.28
18	7.6900	10.575	12.375	14.463	19.673	26.623	48.039	86.071	148.02	253.34
19	8.6128	12.056	14.232	16.777	23.214	31.948	59.568	108.89	195.39	344.54
20	9.6463	13.743	16.367	19.461	27.393	38.338	73.864	139.38	257.92	468.57
21	10.804	15.668	18.822	22.574	32.324	46.005	91.592	178.41	340.45	637.26
22	12.100	17.861	21.645	26.186	38.142	55.206	113.57	228.36	449.39	866.67
23	13.552	20.362	24.891	30.376	45.008	66.247	140.83	292.30	593.20	1 178.7
24	15.179	23.212	28.625	35.236	35.109	79.497	174.63	374.14	783.02	1 603.0
25	17.000	26.462	32.919	40.874	62.669	95.396	216.54	478.90	1 033.6	2 180.1
26	19.040	30.167	37.857	47.414	73.949	114.48	268.51	613.00	1 364.3	2 964.9
27	21.325	34.390	43.535	55.000	87.260	137.37	332.95	784.64	1 800.9	4 032.3
28	23.884	39.204	50.006	63.800	102.97	164.84	412.86	1 004.3	2 377.2	5 483.9
29	26.750	44.693	57.575	74.009	121.50	197.81	511.95	1 285.6	3 137.9	7 458.1
30	29.960	50.950	66.212	85.850	143.37	237.38	634.82	1 645.5	4 142.1	10 143
40	93.051	188.83	267.86	378.72	750.38	1 469.8	5 455.9	19 427	66 521	*
50	289.00	700.23	1 083.7	1 670.7	3 927.4	9 100.4	46 890	*	*	*
60	897.60	2 595.9	4 384.0	7 370.2	20 555	56 348	*	*	*	*

*>99 999

附录二

复利现值系数表

期数	1%	2%	3%	4%	5%	6%	7%	8%	9%	10%
1	.9901	.9804	.9709	.9615	.9524	.9434	.9346	.9259	.9174	.9091
2	.9803	.9712	.9426	.9246	.9070	.8900	.8734	.8573	.8417	.8264
3	.9706	.9423	.9151	.8890	.8638	.8396	.8163	.7938	.7722	.7513
4	.9610	.9238	.8885	.8548	.8227	.7921	.7629	.7350	.7084	.6830
5	.9515	.9057	.8626	.8219	.7835	.7473	.7130	.6806	.6499	.6209
6	.9420	.8880	.8375	.7903	.7462	.7050	.6663	.6302	.5963	.5645
7	.9327	.8606	.8131	.7599	.7107	.6651	.6227	.5835	.5470	.5132
8	.9235	.8535	.7874	.7307	.6768	.6274	.5820	.5403	.5019	.4665
9	.9143	.8368	.7664	.7026	.6446	.5919	.5439	.5002	.4604	.4241
10	.9053	.8203	.7441	.6756	.6139	.5584	.5083	.4632	.4224	.3855
11	.8963	.8043	.7224	.6496	.5847	.5268	.4751	.4289	.3875	.3505
12	.8874	.7885	.7014	.6246	.5568	.4970	.4440	.3971	.3555	.3186
13	.8787	.7730	.6810	.6006	.5303	.4688	.4150	.3677	.3262	.2897
14	.8700	.7579	.6611	.5775	.5051	.4423	.3878	.3405	.2992	.2633
15	.8613	.7430	.6419	.5553	.4810	.4173	.3624	.3152	.2745	.2394
16	.8528	.7284	.6232	.5339	.4581	.3936	.3387	.2919	.2519	.2176
17	.8444	.7142	.6050	.5134	.4363	.3714	.3166	.2703	.2311	.1978
18	.8360	.7002	.5874	.4936	.4155	.3503	.2959	.2502	.2120	.1799
19	.8277	.6864	.5703	.4746	.3957	.3305	.2765	.2317	.1945	.1635
20	.8195	.6730	.5537	.4564	.3769	.3118	.2584	.2145	.1784	.1486
21	.8114	.6598	.5375	.4388	.3589	.2942	.2415	.1987	.1637	.1351
22	.8034	.6468	.5219	.4220	.3418	.2775	.2257	.1839	.1502	.1228
23	.7954	.6342	.5067	.4057	.3256	.2618	.2109	.1703	.1378	.1117
24	.7876	.6217	.4919	.3901	.3101	.2470	.1971	.1577	.1264	.1015
25	.7798	.6095	.4776	.3751	.2953	.2330	.1842	.1460	.1160	.0923
26	.7720	.5976	.4637	.3604	.2812	.2198	.1722	.1352	.1064	.0839
27	.7644	.5859	.4502	.3468	.2678	.2074	.1609	.1252	.0976	.0763
28	.7568	.5744	.4371	.3335	.2551	.1956	.1504	.1159	.0895	.0693
29	.7493	.5631	.4243	.3207	.2429	.1846	.1406	.1073	.0822	.0630
30	.7419	.5521	.4120	.3083	.2314	.1741	.1314	.0994	.0754	.0573
35	.7059	.5000	.3554	.2534	.1813	.1301	.0937	.0676	.0490	.0356
40	.6717	.4529	.3066	.2083	.1420	.0972	.0668	.0460	.0318	.0221
45	.6391	.4102	.2644	.1712	.1113	.0727	.0476	.0313	.0207	.0137
50	.6080	.3715	.2281	.1407	.0872	.0543	.0339	.0213	.0134	.0085
55	.5785	.3365	.1968	.1157	.0683	.0406	.0242	.0145	.0087	.0053

续上表

期数	12%	14%	15%	16%	18%	20%	24%	28%	32%	36%
1	.8929	.8772	.8696	.8621	.8475	.8333	.8065	.7813	.7576	.7353
2	.7972	.7695	.7561	.7432	.7182	.6944	.6504	.6104	.5739	.5407
3	.7118	.6750	.6575	.6407	.6086	.5787	.5245	.4768	.4348	.3975
4	.6355	.5921	.5718	.5523	.5158	.4823	.4230	.3725	.3294	.2923
5	.5674	.5194	.4972	.4762	.4371	.4019	.3411	.2910	.2495	.2149
6	.5066	.4556	.4323	.4104	.3704	.3349	.2751	.2274	.1890	.1580
7	.4523	.3996	.3759	.3538	.3139	.2791	.2218	.1776	.1432	.1162
8	.4039	.3506	.3269	.3050	.2660	.2326	.1789	.1388	.1085	.0854
9	.3606	.3075	.2843	.2630	.2255	.1938	.1443	.1084	.0822	.0628
10	.3220	.2697	.2472	.2267	.1911	.1615	.1164	.0847	.0623	.0462
11	.2875	.2366	.2149	.1954	.1619	.1346	.0938	.0662	.0472	.0340
12	.2567	.2076	.1869	.1685	.1373	.1122	.0757	.0517	.0357	.0250
13	.2292	.1821	.1625	.1452	.1163	.0935	.0610	.0404	.0271	.0184
14	.2046	.1597	1413	.1252	.0985	0779	.0492	.0316	.0205	.0135
15	.1827	.1401	.1229	.1079	.0835	.0649	0397	.0247	.0155	.0099
16	.1631	.1229	.1069	.0980	.0709	.0541	.0320	.0193	.0118	.0073
17	.1456	.1078	.0929	.0802	.0600	.0451	.0259	.0150	.0089	.0054
18	.1300	.0946	.0808	.0691	.0508	.0376	.0208	.0118	.0068	.0039
19	.1161	.0829	.0703	.0596	.0431	.0313	.0168	.0092	.0051	.0029
20	.1037	.0728	.0611	.0514	.0365	.0261	.0135	.0072	.0039	.0021
21	.0926	.0638	.0531	.0443	.0309	.0217	.0109	.0056	.0029	.0016
22	.0826	.0560	.0462	.0382	.0262	.0181	.0088	.0044	.0022	.0012
23	.0738	.0491	.0402	.0329	.0222	.0151	.0071	.0034	.0017	.0008
24	.0659	.0431	.0349	.0284	.0188	.0126	.0057	.0027	.0013	.0006
25	.0588	.0378	.0304	.0245	.0160	.0105	.0046	.0021	.0010	.0005
26	.0525	.0331	.0264	.0211	.0135	.0087	.0037	.0016	.0007	.0003
27	.0469	.0291	.0230	.0182	.0115	.0073	.0030	.0013	.0006	.0002
28	.0419	.0255	.0200	.0157	.0097	.0061	.0024	.0010	.0004	.0002
29	.0374	.0224	.0174	.0135	.0082	.0051	.0020	.0008	.0003	.0001
30	.0334	.0196	.0151	.0016	.0070	.0042	.0016	.0006	.0002	.0001
35	.0189	.0102	.0075	.0055	.0030	.0017	.0005	.0002	.0001	*
40	.0107	0053	.0037	.0026	.0013	.0007	.0002	.0001	*	*
45	0061	.0027	.0019	.0013	0006	.0003	.0001	*	*	*
50	.0035	.0014	.0009	.0006	.0003	.0001	*	*	*	*
55	.0020	.0007	.0005	.0003	.0001	*	*	*	*	*

*<0001

附录三　　年金终值系数表

期数	1%	2%	3%	4%	5%	6%	7%	8%	9%	10%
1	1.0000	1.0000	1.0000	1.0000	1.0000	1.0000	1.0000	1.0000	1.0000	1.0000
2	2.0100	2.0200	2.0300	2.0400	2.0500	2.0600	2.0700	2.0800	2.0900	2.1000
3	3.0301	3.0604	3.0909	3.1216	3.1525	3.1836	3.2149	3.2464	3.2781	3.3100
4	4.0604	4.1216	4.1836	4.2465	4.3101	4.3746	4.4399	4.5061	4.5731	4.6410
5	5.1010	5.2040	5.3091	5.4163	5.5256	5.6371	5.7507	5.8666	5.9847	6.1051
6	6.1520	6.3081	6.4684	6.6330	6.8019	6.9753	7.1533	7.3359	7.5233	7.7156
7	7.2135	7.4343	7.6625	7.8983	8.1420	8.3938	8.6540	8.9228	9.2004	9.4872
8	8.2857	8.5830	8.8923	9.2142	9.5491	9.8975	10.260	10.637	11.028	11.436
9	9.3685	9.7546	10.159	10.583	11.027	11.491	11.978	11.488	13.021	13.579
10	10.462	10.950	11.464	12.006	12.578	13.181	13.816	14.487	15.193	15.937
11	11.567	12.169	12.808	13.486	14.207	14.972	15.784	16.645	17.560	18.531
12	12.683	13.412	14.192	15.026	15.917	16.870	17.888	18.977	20.141	21.384
13	13.809	14.680	15.618	16.627	17.713	18.882	20.141	21.495	22.953	24.523
14	14.947	15.974	17.086	18.292	19.599	21.015	22.550	24.214	26.019	27.975
15	16.097	17.293	18.599	20.024	21.579	23.276	25.129	27.152	29.361	31.772
16	17.258	18.639	20.157	21.825	23.657	25.673	27.888	30.324	33.003	35.950
17	18.430	20.012	21.762	23.698	25.840	28.213	30.840	33.750	36.974	40.545
18	19.615	21.412	23.414	25.645	28.132	30.906	33.999	37.450	41.301	45.599
19	20.811	22.841	25.117	27.671	30.539	33.760	37.379	41.446	46.018	51.159
20	22.019	24.297	26.870	29.778	33.066	36.786	40.955	45.752	51.160	57.275
21	23.239	25.783	28.676	31.969	35.719	39.993	44.865	50.423	56.765	64.002
22	24.472	27.299	30.537	34.249	38.505	43.392	49.006	55.457	62.873	71.403
23	25.716	28.845	32.453	36.618	41.430	46.996	53.436	60.883	69.532	79.543
24	26.973	30.422	34.426	39.083	44.502	50.816	58.177	66.765	76.790	88.497
25	28.243	32.030	36.459	41.646	47.727	54.863	63.294	73.106	84.701	98.347
26	29.526	33.671	38.553	44.312	51.113	59.156	68.676	79.954	93.324	109.18
27	30.821	35.344	40.710	47.084	54.669	63.706	74.484	87.351	102.72	121.10
28	32.129	37.051	42.931	49.968	58.403	68.528	80.698	95.339	112.97	134.21
29	33.450	38.792	45.219	52.966	62.323	73.640	87.347	103.97	124.14	148.63
30	34.785	40.568	47.575	56.085	66.439	79.058	94.461	113.28	136.31	164.49
40	48.886	60.402	75.401	95.026	120.80	154.76	199.64	259.06	337.88	442.59
50	64.463	84.579	112.80	152.67	209.35	290.34	406.53	573.77	815.08	1 163.9
60	81.670	114.05	163.05	237.99	353.58	533.13	813.52	1 253.2	1 944.8	3 034.8

续上表

期数	12%	14%	15%	16%	18%	20%	24%	28%	32%	36%
1	1.0000	1.0000	1.0000	1.0000	1.0000	1.0000	1.0000	1.0000	1.0000	1.0000
2	2.1200	2.1400	2.1500	2.1600	2.1800	2.2000	2.2400	2.2800	2.3200	2.3600
3	3.3744	3.4396	3.4725	3.5056	3.5724	3.6400	3.7776	3.9184	3.0624	3.2096
4	4.7793	4.9211	4.9934	5.0665	5.2154	5.3680	5.6842	6.0156	6.3624	6.7251
5	6.3528	6.6101	6.7424	6.8771	7.1542	7.4416	8.0484	8.6999	9.3983	10.146
6	8.1152	8.5355	8.7537	8.9775	9.4420	9.9299	10.980	12.136	13.406	14.799
7	10.089	10.730	11.067	11.414	12.142	12.916	14.615	16.534	18.696	21.126
8	12.300	13.233	13.727	14.240	15.327	16.499	19.123	22.163	25.678	29.732
9	14.776	16.085	16.786	17.519	19.086	20.799	24.712	29.369	34.895	41.435
10	17.549	19.337	20.304	21.321	23.521	25.959	31.643	38.593	47.062	57.352
11	20.655	23.045	24.349	25.733	28.755	32.150	40.238	50.398	63.122	78.988
12	24.133	27.271	29.002	30.850	34.931	39.581	50.895	65.510	84.320	108.44
13	28.029	32.089	34.352	36.786	42.219	48.497	64.110	84.853	112.30	148.47
14	32.393	37.581	40.505	43.672	50.818	59.196	80.496	109.61	149.24	202.93
15	37.280	43.842	47.580	51.660	60.965	72.035	100.82	141.30	198.00	276.98
16	42.753	50.980	55.717	60.925	72.939	87.442	126.01	181.87	262.36	377.69
17	48.884	59.118	65.075	71.673	87.068	105.93	157.25	233.79	347.31	514.66
18	55.750	68.394	75.836	84.141	103.74	128.12	195.99	300.25	459.45	770.94
19	63.440	78.969	88.212	98.603	123.41	154.74	244.03	385.32	607.47	954.28
20	72.052	91.025	102.44	115.38	146.63	186.69	303.60	494.21	802.86	1 298.8
21	81.699	104.77	118.81	134.84	174.02	225.03	377.46	633.59	1 060.8	1 767.4
22	92.503	120.44	137.63	157.41	206.34	271.03	469.06	812.00	1 401.2	2 404.7
23	104.60	138.30	159.28	183.60	244.49	326.24	582.63	1 040.4	1 850.6	3 271.3
24	118.16	185.66	184.17	213.98	289.49	392.48	723.46	1 332.7	2 443.8	4 450.0
25	133.33	181.87	212.79	249.21	342.60	471.98	898.09	1 706.8	3 226.8	6 053.0
26	150.33	208.33	245.71	290.09	405.27	567.38	1 114.6	2 185.7	4 260.4	8 233.1
27	169.37	238.50	283.57	337.50	479.22	681.85	1 383.1	2 798.7	5 624.8	11 198.0
28	190.70	272.89	327.10	392.50	566.48	819.22	1 716.1	3 583.3	7 425.7	15 230.3
29	214.58	312.09	377.17	456.30	669.45	984.07	2 129.0	4 587.7	9 802.9	20 714.2
30	241.33	356.79	434.75	530.31	790.95	1 181.9	2 640.9	5 873.2	12 941	28 172.3
40	767.09	1 342.0	1 779.1	2 360.8	4 163.2	7 343.2	27 290	69 377	*	*
50	2 400.0	4 994.5	7 217.7	10 436	21 813	45 497	*	*	*	*
60	7 471.6	18 535	29 220	46 058	*	*	*	*	*	*

*>99 999

附表四

年金现值系数表

期数	1%	2%	3%	4%	5%	6%	7%	8%	9%
1	0.9901	0.9804	0.9709	0.9615	0.9524	0.9434	0.9346	0.9259	0.9174
2	1.9704	1.9416	1.9135	1.8861	1.8594	1.8334	1.8080	1.7833	1.7591
3	2.9410	2.8839	2.8286	2.7751	2.7232	2.6730	2.6243	2.5771	2.5313
4	3.9020	3.8077	3.7171	3.6299	3.5460	3.4651	3.3872	3.3121	3.2397
5	4.8534	4.7135	4.5797	4.4518	4.3295	4.2124	4.1002	3.9927	3.8897
6	5.7955	5.6014	5.4172	5.2421	5.0757	4.9173	4.7665	4.6229	4.4859
7	6.7282	6.4720	6.2303	6.0021	5.7864	5.5824	5.3893	5.2064	5.0330
8	7.6517	7.3255	7.0197	6.7327	6.4632	6.2098	5.9713	5.7466	5.5348
9	8.5660	8.1622	7.7861	7.4353	7.1078	6.8017	6.5152	6.2469	5.9952
10	9.4713	8.9826	8.5302	8.1109	7.7217	7.3601	7.0236	6.7101	6.417
11	10.3676	9.7868	9.2526	8.7605	8.3064	7.8869	7.4987	7.1390	6.8052
12	11.2551	10.5753	9.9540	9.3851	8.8633	8.3838	7.9427	7.5361	7.1607
13	12.1337	11.3484	10.6350	9.9856	9.3936	8.8527	8.3577	7.9038	7.4869
14	13.0037	12.1062	11.2961	10.5631	9.8986	9.2950	8.7455	8.2442	7.7862
15	13.8651	12.8493	11.9379	11.1184	10.3797	9.7122	9.1079	8.5595	8.0607
16	14.7179	13.5777	12.5611	11.6523	10.8378	10.1059	9.4466	8.8514	8.3126
17	15.5623	14.2919	13.1661	12.1657	11.2741	10.4773	9.7632	9.1216	8.5436
18	16.3983	14.9920	13.7535	12.6896	11.6896	10.8276	10.0591	9.3719	8.7556
19	17.2260	15.6785	14.3238	13.1339	12.0853	11.1581	10.3356	9.6036	8.9601
20	18.0456	16.3514	14.8775	13.5903	12.4622	11.4699	10.5940	9.8181	9.1285
21	18.8570	17.0112	15.4150	14.0292	12.8212	11.7641	10.8355	10.0618	9.2922
22	19.6604	17.6580	15.9369	14.4511	13.4886	12.3034	11.0612	10.2007	9.4426
23	20.4558	18.2922	16.4436	14.8568	13.4886	12.3034	11.2722	10.3711	9.5802
24	21.2434	18.9139	16.9355	15.2470	13.7986	12.5504	11.4693	10.5288	9.7066
25	22.0232	19.5235	17.4131	15.6221	14.0939	12.7834	11.6536	10.6748	9.8226
26	22.7952	20.1210	17.8768	15.9828	14.3752	13.0032	11.8258	10.8100	9.9290
27	23.5596	20.7059	18.3270	16.3296	14.6430	12.2105	11.9867	10.9352	10.0266
28	24.3164	21.2813	18.7641	16.6631	14.8981	13.4062	12.1371	11.0511	10.1161
29	25.0658	21.8444	19.1885	16.9837	15.1411	13.5907	12.2777	11.1584	10.1983
30	25.8077	22.3965	19.6004	17.2920	15.3725	13.7648	12.4090	11.2578	10.2737
35	29.4086	24.9986	21.4872	18.6646	16.3742	14.4982	12.9477	11.6546	10.5668
40	32.8347	27.3555	23.1148	19.7928	17.1591	15.0463	13.3317	11.9246	10.7574
45	36.0945	29.4902	24.5187	20.7200	17.7741	15.4558	13.6055	12.1084	10.8812
50	39.1961	31.4236	25.7298	21.4822	18.2559	15.7619	13.8007	12.2335	10.9617
55	42.1472	33.1748	26.7744	22.1086	18.6335	15.9905	13.9399	12.3186	11.0140

续上表

期数	10%	12%	14%	15%	16%	18%	20%	24%	28%	32%
1	0.9091	0.8929	0.8772	0.8696	0.8621	0.8475	0.8333	0.8065	0.7813	0.7576
2	1.7355	1.6901	1.6467	1.6257	1.6052	1.5656	1.5278	1.4568	1.3916	1.3315
3	2.4869	2.4018	2.3216	2.2831	2.2459	2.1743	2.1065	1.9813	1.8684	1.7663
4	3.1699	3.0373	2.9137	2.8550	2.7982	2.6901	2.5887	2.4043	2.2410	2.0957
5	3.7908	3.6048	3.4331	3.3522	3.2743	3.1272	2.9906	2.7454	2.5320	2.3452
6	4.3553	4.1114	3.8887	3.7845	3.6847	3.4976	3.3255	3.0205	2.7594	2.5342
7	4.8684	4.5638	4.2882	4.1604	4.0386	3.8115	3.6046	3.2423	2.9370	2.6775
8	5.3349	4.9676	4.6389	4.4873	4.3436	4.0776	3.8372	3.4212	3.0758	2.7860
9	5.7590	5.3282	4.9464	4.7716	4.6065	4.3030	4.0310	3.5655	3.1842	2.8681
10	6.1446	5.6502	5.2161	5.0188	4.8332	4.4941	4.1925	3.6819	3.2689	2.9304
11	6.4951	5.9377	5.4527	5.2337	5.0284	4.6560	4.3271	3.7757	3.3351	2.9776
12	6.8137	6.1944	5.6603	5.4206	5.1971	4.7932	4.4392	3.8514	3.3868	3.0133
13	7.1034	6.4235	5.8424	5.5831	5.3423	4.9095	4.5327	3.9124	3.4272	3.0404
14	7.3667	6.6282	6.0021	5.7245	5.4675	5.0081	4.6106	3.9616	3.4587	3.0609
15	7.6061	6.8109	6.1422	5.8474	5.5755	5.0916	4.6755	4.0013	3.4834	3.0764
16	7.8237	6.9740	6.2651	5.9542	5.6685	5.1624	4.7296	4.0333	3.5026	3.0882
17	8.0216	7.1196	6.3729	6.0472	5.7487	5.2223	4.7746	4.0591	3.5177	3.0971
18	8.2014	7.2497	6.4674	6.1280	5.8178	5.2732	4.8122	4.0799	3.5294	3.1039
19	8.3649	7.3658	6.5504	6.1982	5.8775	5.3162	4.8435	4.0967	3.5386	3.1090
20	8.5136	7.4694	6.6231	6.2593	5.9288	5.3527	4.8696	4.1103	3.5458	3.1129
21	8.6487	7.5620	6.6870	6.3125	5.9731	5.3837	4.8913	4.1212	3.5514	3.1158
22	8.7715	7.6446	6.7429	6.3587	6.0113	5.4099	4.9094	4.1300	3.5558	3.1180
23	6.8832	7.7184	6.7921	6.3988	6.0442	5.4321	4.9245	4.1371	3.5592	3.1197
24	8.9847	7.7843	6.8351	6.4338	6.0726	5.4509	4.9371	4.1428	3.5619	3.1210
25	9.0770	7.8431	6.8729	6.4641	6.0971	5.4669	4.9476	4.1474	3.5640	3.1220
26	9.1609	7.8957	6.9061	6.4906	6.1182	5.4804	4.9563	4.1511	3.5656	3.1227
27	9.2372	7.9426	6.9352	6.5135	6.1364	5.4919	4.9636	4.1542	3.5669	3.1233
28	9.3066	7.9844	6.9607	6.5335	6.1520	5.5016	4.9697	4.1566	3.5679	3.1237
29	9.3696	8.0218	6.9830	6.5509	6.1656	5.5098	4.9747	4.1585	3.5687	3.1240
30	9.4269	8.0552	7.0027	6.5660	6.1772	5.5168	4.9789	4.1601	3.5693	3.1241
35	9.6442	8.1755	7.0700	6.6166	6.2153	5.5386	4.9915	1.1644	3.5708	3.1248
40	9.7791	8.2438	7.1050	6.6418	6.2335	5.5482	4.1659	4.1659	3.5712	3.1250
45	9.8628	8.2825	7.1232	6.6543	6.2421	5.5523	4.9986	4.1664	3.5714	3.1250
50	9.9148	8.3045	7.1327	6.6605	6.2463	5.5541	4.9995	4.1666	3.5714	3.1250
55	9.9471	8.3170	7.1376	6.6636	6.2482	5.5549	4.9998	4.1666	3.5714	3.1250

参考文献

[1] 中华人民共和国财政部．企业会计准则(2018 年版)[M]．北京:经济科学出版社,2017.

[2] 中华人民共和国财政部．企业会计准则应用指南(2018 年版)[M]．上海:立信出版社,2018.

[3] 中国注册会计师协会．会计 CPA[M]．北京:中国财政经济出版社,2018.

[4] 邱银春．新手学会计．北京:清华大学出版社,2018.

[5] 栾庆忠．企业会计处理与纳税申报真账实操[M]．4 版．北京:中国市场出版社,2018.

[6] 琼慧．跟老会计学做账[M]．上海:立信会计出版社,2012.

[7] 朱为绎,胡萍．会计核算和纳税处理实用手册[M]．北京:机械工业出版社,2011.

[8] 曲喜和,严鸿雁,徐鲲．会计学[M]．2 版．北京:北京邮电大学出版社,2011.

[9] 陈菊花,陈良华．会计学[M]．3 版．北京:科学出版社,2012.

[10] 陈登文．会计知识入门[M]．北京:知识产权出版社,2011.

[11] 梁文涛．纳税筹划实务[M]．北京:清华大学出版社,北京交通大学出版社,2012.

[12] 邢铭强．纳税实战技能即学即用纳税实务 300 个关键点[M]．合肥:黄山书社,2011.

[13] 陈文昌．企业财务报表分析[M]．北京:中国人民大学出版社,2011.

[14] 汪华亮,邢铭强,索晓辉．企业税务筹划与案例解析[M]．上海:立信会计出版社,2011.

[15] 李凤荣,张小静．税法[M]．北京:北京理工大学出版社,2011.

[16] 黄凤羽．税收筹划策略、方法与案例[M]．大连:东北财经大学出版社,2011.

[17] 小企业会计准则研究组．小企业会计准则讲解[M]．大连:东北财经大学出版社,2012.

[18] 文彬．新编会计入门不可不知的 300 个常识[M]．北京:中国商业出版社,2011.